Henry Hucks Gibbs

Die Doppelwährung

Henry Hucks Gibbs

Die Doppelwährung

ISBN/EAN: 9783744658522

Hergestellt in Europa, USA, Kanada, Australien, Japan

Cover: Foto ©ninafisch / pixelio.de

Weitere Bücher finden Sie auf **www.hansebooks.com**

Schriften

des

Deutschen Vereins für internationale Doppelwährung.

Heft 10.

=== Autorisirte deutsche Ausgabe. ===

Die Doppelwährung

von

Henry Hucks Gibbs,

Direktor der Bank von England

mit einer Einleitung von **Henry R. Grenfell,**

Gouverneur der Bank von England

und einem

vom Verfasser für die Deutsche Ausgabe geschriebenen Vorwort.

Uebersetzt

von

E. Koch-Herne.

Berlin 1883.

Walther & Apolant,

Markgrafenstr. 60.

Vorrede*)
zu der Deutschen Ausgabe.

———

Da der Deutsche Verein für internationale Doppelwährung mir die Ehre erwiesen hat, meine Broschüre über die Doppelwährung in die deutsche Sprache zu übersetzen, so will ich eine kurze Vorrede dazu schreiben, um den heutigen Stand der Frage, soweit ich kann, zu schildern.

Niemand kann verkennen, daß zwischen der jetzigen Stellung, welche der Gegenstand einnimmt, und dessen Stellung zur Zeit, als jene Broschüre verfaßt wurde, ein großer Unterschied besteht. Die Bimetallisten selbst haben viel gelernt, sowohl in Hinsicht des wahren modus operandi ihres Systems, als der wirklichen und möglichen Gefahren des monometallistischen Systems. Sie haben auch gelernt, die Kenntniß über den Gegenstand auf Seiten ihrer Gegner schärfer zu taxiren. (to gauge.)

Bis vor zwei Jahren behandelte die englische Presse die Frage zuerst als eine harmlose Phantasie einiger wenigen Theoretiker, dann, in einem Athem, als eine gefährliche Ketzerei, welche niedergetreten und vernichtet werden müsse, als eine Thorheit, welche keine Beachtung verdiene, als eine

———

*) Ich habe sowohl die nachfolgende Broschüre als auch die obige neue Vorrede in ihrer deutschen Form sorgfältig durchgesehen, bevor dieselbe zum Druck gegeben wurden, und ich wünsche hiermit meine Meinung auszusprechen, daß die Uebersetzung vollkommen genau ist und voll und exakt meinen Sinn wiedergiebt.

St. Dunstans, Regents Park.   Henry Hucks Gibbs.

1*

acabemifche Frage, der Aufmerkfamkeit der Nationalökonomen nicht werth, und eine folche, welche kein englischer Staatsmann, der des Namens würdig fei, auch nur zu prüfen fich herbei= laffen werde.

Staatsmänner werden aber bald genug davon Einficht nehmen, wenn eine wachfende öffentliche Meinung fie gelehrt haben wird, daß es nicht länger geheuer fei, eine Sache von der größeften Wichtigkeit für den Verkehr und daher für die Wohlfahrt Englands zu vernachläffigen.

Die Meinung für die Sache wächft, obgleich fie noch mehr wachfen kann. Die Zeitungspreffe, ich meine den denkenden Theil derfelben, blickt fchon nicht mehr auf den Gegenftand als der Diskuffion unwürdig, als auf gleichem Fuße ftehend mit der Quadratur des Cirkels und den angeblichen Beweifen von der Plattheit der Erde. Die Finanzblätter öffnen ihre Spalten Befprechungen über den Gegenftand und nehmen für die eine oder andere Seite Partei; indem fie entweder die Wohlthaten der Reform, welche wir befürworten, oder die Irrthümer in unferen Argumenten nachweifen, aber es muß bemerkt werden, daß in letzterem Falle es fehr felten unfere Argu= mente find, welche fie zu widerlegen fuchen, fondern andere Argumente, welche nicht die unfrigen find, und welche fie uns willkürlich in den Mund legen. Noch auch kann die Sache aus dem öffentlichen Gedächtniß fchwinden, foweit als die Be= mühungen der Bimetalliften, das Intereffe dafür wach zu halten, reichen. Die internationale monetary association in England und die Schweftergefellfchaften in Deutfchland und Belgien be= reiten durch ihre häufigen und unbeantworteten Publikationen den Weg für die öffentliche Annahme der Lehre, daß die Prosperität und Sicherheit internationalen Verkehrs am beften durch Rückkehr zu den gefunden Währungsgrundfätzen gewahrt werden würden, aus welchen alle commerciellen Nationen Nutzen zogen, folange als Frankreich fein bimetalliftifches Gefetz in Kraft erhielt. Auch der Gang der Ereigniffe entwickelt fich wie es fcheint, in der Richtung, welche in meiner Brofchüre vor=

ausgesehen war, und macht, denke ich, die Nothwendigkeit, das darin vorgeschlagene Auskunftsmittel zu adoptiren, dringender.

Es wurde damals von mir betont, daß Italien, bei Wiederaufnahme von Baarzahlungen, sich genöthigt sehen würde, eine Goldwährung zu adoptiren. Es hat das nicht in mono= metallistischem Sinne gethan, aber es ist ihm gelungen, die Anleihe, auf welche, Seite 19 der Broschüre, Bezug genommen ist, zu machen, und es hat 16 Millionen (Lstrl.) jenes Metalls absorbirt, welche früher als Theil der Währung der anderen Gold gebrauchenden Länder diente, und deren Circulation ist pro tanto zusammengeschrumpft.

Dieser Betrag und das übrige Gold in seinem Staatsschatz soll am 12. April 1883 in Circulation gesetzt werden, und man sagt uns, sobald das geschehe, müsse es nothwendig das Land verlassen. Gewiß muß es das, wenn man dasselbe in Zusatz zu der existirenden Circulation in Cours setzt. Das muß es auch, wenn ein geringwerthigeres Geld im Lande vorhanden ist, und die Wechselcourse sich zu Ungunsten von Italien stellen. Aber nichts destoweniger wird letzteres einen Zuwachs zu den Gold gebrauchenden Ländern bilden und wird zu der Zahl derer, welche in dem Kampf um's Gold engagirt sind — deren Waffe der Discontsatz auf ihren verschiedenen Märkten ist — ein ferneres Land hinzufügen.

Auch in Holland droht die Demonetisirung des Silbers, und ein Gesetz liegt den Kammern jetzt vor, welches die Regierung ermächtigen soll, mit dem Verkauf ihrer Silbermünze zu be= ginnen.

In den Vereinigten Staaten beschäftigt die mögliche Auf= hebung der Blandbill Alle, welche aus politischen, öconomischen oder anderen Gründen von der Währungsfrage berührt werden.*)

*) Die Session des Congresses ist jetzt vorüber, so daß die Ge= fahr nicht unmittelbar bevorsteht, und es ist nicht unwahrscheinlich, daß der Einfluß derer, deren Interesse in der Erhaltung des Silber= werthes liegt, ausreichen werde, den Erlaß eines solchen Gesetzes zu verhindern Aber die Nachfrage nach Gold in den Ver. Staaten für Geldzwecke muß stets ein mächtiger Factor in der uns beschäfti= genden Frage bilden, da die Lstr. 100,000,000 oder Lstr. 115,000,000 Gold, welche, nach dem letzten Ausweis, in jenem Lande sind, be= deuten, daß der Circulation der Gold gebrauchenden Länder Europas ein solcher Betrag (M. 2,000,000,000 bis M. 2,300,000,000) entzogen worden ist.

Der Silberpreis in den letzten Jahren war

	niedrigfter	höchfter
1880	51⅝	52¼
1881	50⅞	52⅞
1882	50	52⁷/₁₆

und der Preis in diesem jetzigen Monat März ist bloß 51⅛, ungeachtet vermehrten Exports nach dem Osten, welcher Lftr. 6,423,270 in 1882 absorbirte, gegenüber Lftr. 4,288,009 in 1881, welcher aber durch vermehrten Import — Lftr. 9,243,375 in 1882 gegen Lftr. 6,902,210 in 1881 mehr als compensirt wurde.

Die folgende Tabelle gibt die abgeschätzte Silberproduction in den Jahren 1874 bis 1882 an, in Berichtigung der weniger genauen Schätzungen auf Seite 16 der Broschüre; ich führe auch die abgeschätzte Goldproduction fort, um die Tabelle bis auf den heutigen Tag zu vervollſtändigen, und gebe außerdem die Geſammt= production beider Metalle.

Nun, wenn Holland wirklich das Silber demonetifirt, und die Ver. Staaten wirklich die Blandbill aufheben, so wird noth= wendig ihr Beispiel überall Nachfolge finden und es ist unmöglich zu sagen, wie ruinirend die Wirkungen auf die Gold gebrauchenden Länder sein mögen, deren Werthmesser weiter, unter beständigem Sinken aller Preise, zusammenschrumpfen muß.

Wenn dann, wie es scheint, die Goldproduction abgenommen hat, abnimmt und wahrscheinlich weiter abnehmen wird, wenn die Nachfrage nach Gold sowohl für Geld, wie für Gebrauch in den Kunſtgewerben zugenommen hat, zunimmt, und, bei Wachſen des Luxus und möglicher weiterer Adoptirung des Metalls als Geld durch andere Nationen, zuzunehmen fortfahren muß, so müssen die Preise von Producten, welche bereits ſtark geſunken find, zu ſinken fortfahren, mit Reſultaten, welche für den Handel im höchſten Grade ſchädigend find, Reſultate, welche am ſchwerſten diejenigen Länder treffen müſſen, welche, in Bezug auf ihre Wohl= fahrt, am meiſten von ihrem Handel abhängig find.

Wie ruinös dieſe Reſultate aber auch ſein mögen, ſicher ist, daß ſie hätten verhütet werden können.

Tabelle.

Jahr	Silber			Gold				Total von Silber und Gold.
	Ver. Staaten.	Andere Länder	Total.	Australien.	Ver. Staaten.	Andere Länder.	Total.	
	Lſtr.	Lſtr.	Lſtr	Lſtr.	Lſtr	Lſtr.	Lſtr.	Lſtr.
1874	7,200,000	8,000,000	15,200,000	6,000,000	6,400,000	5,750,000	18,150,000	33,350,000
1875	9,000,000	8,000,000	17,000,000	5,750,000	8,000,000	5,750,000	19,500,000	36,500,000
1876	7,700,000	9,000,000	16,700,000	5,500,000	8,500,000	6,600,000	20,600,000	37,300,000
1877	9,100,000	9,500,000	18,600,000	5,500,000	8,900,000	6,600,000	21,000,000	39,600,000
1878	9,000,000	10,700,000	19,700,000	5,800,000	10,000,000	7,700,000	23,500,000	43,200,000
1879	8,200,000	10,400,000	18,600,000	5,800,000	7,700,000	7,800,000	21,300,000	39,900,000
1880	7.800,000	10,400,000	18,200,000	5,200,000	6,000,000	7,800,000	19,000,000	37,200,000
1881	7,800,000	11,000,000	18,800,000	5,800,000	6,000,000	7,800,000	19,600,000	38,400,000
1882	9,500,000	11,000,000	20,500,000	5,500,000	6,000,000	7,800,000	19,300,000	39,800,000

In den nachfolgenden Blättern habe ich befürwortet, was mir als das einzige Mittel erscheint, um sie abzuwenden — die Einführung von freier Prägung von Gold und Silber auf Grund gegenseitigen Vertrags, welchem so viele Nationen, als möglich bei= treten sollten, wonach jedes Metall, nach Option des Schuldners in einem fixirten Verhältniß, legales Zahlmittel sein soll — so und so viel Silber soll, bei Tilgung von Schulden, gleichwerthig mit so und so viel Gold sein.

„Aber, so rufen unsere Gegner aus, das heißt den Preis „von Gold und Silber fixiren, und es läuft gegen alle Lehren „der Nationalökonomie, daß eine Regierung den Preis von „Waaren bestimmen oder zu bestimmen im Stande sein sollte. „Silber und Gold sind Waaren; sie haben kein Attribut „oder keine Eigenschaft, welche sie von jeder anderen Waare „unterscheiden sollte. Es ist unmöglich, ihren Preis zu fixiren, „und es würde nutzlos sein, wenn es möglich wäre.“

Ich antworte darauf, daß es ein Mißbrauch von Bezeich= nungen ist, wenn man davon spricht, den Preis von dem zu fixiren, was selbst der Maßstab der Preise ist. Der Preis von Gold und Silber bleibt so veränderlich wie immer, so unter= worfen wie immer den Schwankungen von Angebot und Nach= frage, wenn in den Waaren gerechnet, welche sie messen.

Ich wiederhole hier, was ich in der Broschüre sagte. — Geld, als Maßstab von Waaren betrachtet, ist nicht, in sofern es eben Geld ist, eine Waare, wie jene es sind. Das Werk= zeug, womit man mißt, mag — muß — eine Waare sein, wie die beiden Edelmetalle es sind; aber das Maß selbst steht in einer anderen Categorie: der Zoll, der Fuß, die Elle, sind keine Waaren, obschon der Zollstock und der Ellenstab Waaren sind und mit Geld gekauft und verkauft werden können. So auch kann Gold und Silber mit Geld gekauft werden, aber Geld — als Geld — kann es nicht. Gold und Silber sind Waaren, die sich, als solche, im Wesen von keiner anderen unterscheiden; aber sie unterscheiden sich in ihren Eigenschaften von allen anderen — sind so verschiedenartig in Vergleich mit allen anderen ge=

artet und so gleichartig im Vergleich miteinander, daß sie besser als alle andere Waaren geeignet befunden worden sind, internationales Geld zu werden, und allein ge= eignet, um, zur Erfüllung jener Funktion, zusammen gekoppelt zu werden.

Ihre besonderen Eigenschaften sind diese:

1. Sie sind der Maßstab für alle Waaren und werden durch sie gemessen. Das kann von keiner anderen behauptet werden.

Da ihr Hauptzweck darin besteht, zu messen, so ist das einzige Resultat ihrer größeren oder geringeren Produktion, ausgenommen für die Producenten, die allmälige Er= höhung oder Erniedrigung der Preise anderer Waaren. Wenn kein Gold und Silber mehr producirt wird, muß der jetzige Vorrath genügen, der Handel wird leiden, aber der Schaden wird graduirlich sein. Wenn kein Weizen mehr producirt würde, so würde die ganze Welt sofort und verhängnißvoll leiden.

2. Andere Waaren — exceptis excipiendis — werden pro= ducirt, um consumirt zu werden. Die Edelmetalle werden kaum überhaupt consumirt, sondern sammeln sich beständig an. So sind die Vorräthe der meisten anderen Waaren das Wachsthum eines Jahres oder zweier; aber der Vor= rath von Geld und Bullion, das als Geld mit dient (auf Lstr. 1,580,000,000 gleich Mk. 31,600,000,000 geschätzt) ist das Ergebniß vieler Jahrhunderte.

Die Produktionskosten, welche die Preise von consumir= baren Waaren direkt beherrschen, haben daher kaum irgend eine Wirkung auf den Werth des Vorraths der Geld= metalle, weil der producirte Betrag so ausnahmsweise ge= ringfügig im Vergleich zu dem Volumen des Vorraths, zu dem er hinzugefügt wird, sich darstellt.

3. Die Edelmetalle werden fast ganz für Geldzwecke ge= braucht, und die Nachfrage nach irgend einem von beiden kann durch die Willkür der Gesetzgebung plötzlich und

gänzlich vernichtet werden. — Das ist bei keiner anderen Waare der Fall, noch würde, wenn es der Fall wäre, die Vernichtung der Nachfrage nach irgend einer derselben die Preise aller anderen in Mitleidenschaft ziehen, wie es das Aufhören der Nachfrage nach einem Geldmetall nothwendig thun muß.

Aber alles Argumentiren gegen · die Unmöglichkeit, das Verhältniß zwischen den beiden Edelmetallen, bei verbundenem Gebrauch als Geld, zu fixiren, ist hoffnungslos, angesichts der Thatsache, daß dasselbe 70 Jahre lang in diesem Jahrhundert practisch und nutzbringend durchgeführt war, und ich bezweifle nicht, daß die Logik der Thatsachen unsere Gesetzgeber im Laufe der Zeit überzeugen wird, daß es wieder geschehen kann und muß.

März, 1883.   Henry H. Gibbs.

Einleitung.

Die nachfolgenden Blätter, welche alle von mir durchgesehen sind, drücken, wie man sagen könnte, sowohl meine, als des Ver=faffers Ansichten aus.

Man mag denken, daß er — er war Vertreter der Eng=lischen Regierung auf der Pariser Conferenz von 1878 gewesen und hatte seine Unterschrift unter den dem Protokoll angefügten Bericht gesetzt — seine Meinung über den Gegenstand geändert habe; indeß war er bei jener Gelegenheit durch seine Instruktion und durch gewisse Umstände gebunden, welche seitdem eine ge=nügende Aenderung erfahren haben, um eine Umwandelung seiner Ansichten zu rechtfertigen. Die Paragraphen in dem von ihm unterzeichneten Bericht, welche die Idee, daß er ein Mono=metallist gewesen sei, bestärken, lauten:

„Wir selbst glaubten, daß die Unmöglichkeit, ein bimetallistisches „System auf Grund allgemeiner Vereinbarung für die ganze „Welt zu begründen, so einleuchtend sei, daß es kaum der „Mühe werth sei, über die Sache zu streiten, während wir, „als ebenfalls unnöthig, jedwede Discussion über die allge=„meinen Vorzüge einer einfachen oder doppelten Währung „ablehnten."

„Wir erwogen, daß, während allgemeine Doppelwährung „eine utopische Unmöglichkeit sei, eine einzige Goldwährung „in der ganzen Welt eine falsche Utopie sein würde, und daß „weitere Schritte in dieser Richtung zu unberechenbaren „Schädigungen des Welthandels führen könnten."

„Obgleich nun die von einer sehr großen Majorität abge=„gebene Erklärung, daß es nothwendig sei, in der Welt so=„wohl die Geldfunktionen des Silbers wie des Goldes auf=„recht zu erhalten, gewissermaßen als selbstverständliche Wahr=„heit bezeichnet werden kann, so möchten wir doch darauf „hinweisen, daß dieser Ausspruch ein ganz verschiedenes Re=„sultat von demjenigen bedeutet, zu welchem man 1867 ge=„langt war, als die internationale Münzconferenz in Paris „zusammentrat. Diese Conferenz, wie auch die Königliche „Commission, welche 1868 tagte, empfahl endgültig die „allgemeine Annahme einer Goldwährung; man muß sich „aber erinnern, daß beide Versammlungen zu einem Zeit=„punkte stattfanden, wo die Goldentdeckungen in Californien „und Australien das Silber aus den Ländern mit Doppel=„währung zu verdrängen drohten. Diese Furcht ist jetzt der „entgegengesetzten Furcht gewichen, daß das Silber so reichlich „zum Vorschein kommen könne, daß es unzweckmäßig sei, „dasselbe für legale Zahlzwecke beizubehalten." —

Diese Sätze charakterisiren, wie man sieht, den Gedanken eines vertragsmäßigen allgemeinen Bimetallismus als utopisch. Derselbe Ausdruck ist jedoch auch in Bezug auf eine allgemeine Goldwährung gebraucht und außerdem ist angedeutet, daß die Verfasser von den Seitens der Pariser Conferenz 1867 zu Gunsten einer allgemeinen Goldwährung gefaßten Beschlüssen abweichen.

Wenn man sieht, daß die Demonetisirung des Silbers in Deutschland die Ursache der ganzen Schwierigkeit war, daß Deutschland sich sogar 1878 weigerte, die Sache auch nur zu discutiren, so ist es nicht sehr erstaunlich, daß man eine allgemeine Vereinbarung zu Gunsten des Bimetallismus für utopisch halten konnte.

Andererseits scheint es aber wahrscheinlich, daß das, was Mr. Goschen und Mr. Gibbs für eine falsche Utopie erklärten, geeignet um unberechenbare Schädigungen des Welthandels herbeizuführen, wirklich eintrete, wenn England sich weigern sollte, seine Einrichtungen irgendwie zu modificiren.

Da ich theilweise für den Wiederabdruck von Lord Liverpool's Brief über Münzen verantwortlich bin, und da ich überzeugt bin, daß das vor 1868 unter den Nationen herrschende System im Ganzen ein vorzügliches war, so würde ich bedauern, wenn man voraussetzte, daß ich in Hinsicht des Werthstandards ketzerische Begriffe eingesogen hätte. Aber ich kann meine Augen der Thatsache nicht verschließen, daß das System, welches so sehr befriedigte, zu existiren aufgehört hat, und daß Ereignisse außerhalb des Britischen Reiches eingetreten sind, welche die Nothwendigkeit erzeugt haben, zwischen den beiden, von Mr. Goschen und Mr. Gibbs 1878 als utopisch erklärten Wegen zu wählen, nämlich: vertragsmäßiger Doppelwährung oder allgemeiner Annahme einer monometallistischen Goldwährung.

Henry N. Grenfell.

Bank von England, 22. April 1881.

Vorrede.

Einige meiner Freunde haben mir zum Wiederabdruck einer Broschüre gerathen, welche meinen Brief an Mr. Cazalet über die Doppelwährung enthielt. Ich habe meine Broschüre daher wieder durchgesehen, unterstützt von den Bemerkungen meiner vielen Kritiker und von dem Licht, welches nach= folgende Vorkommnisse auf den Gegenstand geworfen haben, und während ich in keinem Hauptpunkt die von mir darin aus= gesprochene Meinung geändert habe, so finde ich doch mancherlei zu verbessern, um gewisse Mißauffassungen meines Sinnes zu zerstreuen und Manches hinzuzufügen, angesichts des Ganges, welchen die Dinge seit seiner Veröffentlichung genommen haben.

Der Lauf der Ereignisse seit 1879 war von einigen meiner Collegen (nicht von mir selbst) auf der Pariser Conferenz 1878 vorausgesagt worden und hat sich in einer Richtung bewegt, welche sowohl zum Nachtheil der Handelsinteressen dieses Lan= des, wie auch der Finanzen der Indischen Regierung ausschlägt.

Der Preis des Silbers, welcher, obschon niedrig, eine Weile stetig war, fing wieder an zu sinken und es ist nicht schwer, die Ursachen, weshalb, aufzufinden.

Die Blandbill ist in den Ver. Staaten thatsächlich gescheitert, woselbst das von einer Partei im Staate so bringend begehrte geprägte Silber weder von ihr noch von sonst Jemandem, jetzt da es geprägt wird, genommen wird, sondern müßig im Schatze*) verbleibt, während sich ein Verlangen sowohl nach gesetzlicher wirklicher Demonetisirung des Silbers und Adoptirung des Goldes als einziges Geld der Union schon seit einiger Zeit hat verlauten lassen.

Was wird das Verhältniß der Rupee zu dem Pfund Sterling sein, wenn die Ver. Staaten aufhören, jeden Monat 2 Millionen Dollars Silbers zu kaufen und zu prägen, welche jetzt nach Vorschrift des Gesetzes geprägt werden müssen? Was wird die Störung der Preise sein, nicht bloß des Silbers sondern aller Waaren, wenn die Dollars, welche jetzt angesammelt und noch zu schaffen sind, auf den Markt geworfen werden und ihre Stelle mit Gold auszufüllen ist, welches aus den Vorräthen der anderen goldbrauchenden Länder entnommen werden muß? Die Möglichkeit liegt auch noch vor, daß Deutschland, wenn

---

*) Ein sehr großes Quantum des geprägten Silbers, welches im Schatz liegt, befindet sich allerdings in Circulation, in Form von Certificaten, welche, obschon nicht legales Zahlmittel, von Hand zu Hand gehen.   H. H. G. 1883.

keine Vereinbarung erzielt wird, seinen Restvorrath von Silber auf den Markt werfe; und der jüngst mit dem Namen der Herren Magliani und Miceli veröffentlichte Gesetzentwurf zeigt, daß Italien, unter Abschaffung der Zwangspapierwährung, die Wiederaufnahme der Baarzahlungen in Gold beabsichtige, dadurch dieses Metall vertheuernd und in jenen Kampf um's Gold eintretend, in welchem keiner der Kämpfer siegen könnte, wovon aber die Wirkung eine gewaltsame und rasche Zusammenschrumpfung der Circulation in allen Gold gebrauchenden Ländern sein muß und, so lange der Kampf dauert, eine Benachtheiligung jedes Schuldners und jedes Producenten. Die Theorien von 1869 erzeugten eine Art Manie für das Gold, und so groß ist heute der Auri sacra fames, daß sogar Peru, dessen Gold und Silber längst verschwunden sind, und dessen Papierdollar heute weniger als 3 Pence werth sein soll decretirt hat, daß das Pfund Sterling in Gold das Landesgeld sei.

Andererseits haben die Regierungen von Frankreich und den Ver. Staaten, indem sie ihre Aufmerksamkeit auf ein besseres Heilmittel für die jetzige Schwierigkeit richteten, eine Erneuerung der Discussion von 1878 herbeizuführen gesucht und haben unsere und andere Regierungen eingeladen, Delegirte nach Paris zu senden, um die Möglichkeit einer Verständigung zwischen den Haupt-Handelsnationen über die Frage des Werthstandards zu berathen. Für die Ver. Staaten ist die Sache von großer Bedeutung, denn Amerika ist die große Silberquelle. Für uns ist sie von großer Bedeutung, denn Silber bildet das Geld unserer größten auswärtigen Besitzung sowie das Geld vieler Nationen, mit welchen England einen beträchtlichen Handel treibt, und Silber ist sehr ernstlich bedroht! Es scheint mir daher, daß es wiederum Zeit sei zu erwägen: was sind die Uebelstände, welche unter solchen Umständen zu befürchten sind, und was sind die Vorzüge der zu ihrer Beseitigung vorgeschlagenen Heilmittel?

Selbst wenn England als Beherrscher von Indien nicht direct interessirt wäre, kann ich nur denken, da der Handelsverkehr wesentlich eine kosmopolitische Angelegenheit ist, daß es für den Handelsmittelpunkt der Welt nicht möglich sein könnte, sich in seinem insularen Selbstgenugsein abzuschließen und zu weigern, eine Frage von solcher Tragweite auch nur in Erwägung zu ziehen. Die folgenden Seiten werden nun den Gegenstand, wie derselbe sich mir jetzt darstellt, behandeln. Sie enthalten den Stoff und häufig die Worte meiner früheren Brochüre mit solchen Zusätzen und Berichtigungen, als für die jetzige Lage passend scheinen mögen.

April 14., 1881.   Henry H. Gibbs.

Die Doppelwährung.

Gold allein ist das Währungs = Geld von Großbritannien. Das heißt, der Werth aller Waaren wird gemessen mit und ausgedrückt in dem Pfund Sterling, welches aus 113,0016 Gran reinem Gold oder 123,27447 Gran Standard Gold besteht. Silbermünzen sind hier zu Lande bloße Scheidemünzen, — metallene Noten, welche Bruchtheile des Goldes repräsentiren. So ist eine Krone gesetzlich als der vierte Theil eines Gold= pfundes gültig, vorbehaltlich der 40 Shilling = Gränze ihrer Annahmepflicht, obschon der innere oder Metallwerth der Münze viel weniger beträgt.

In Deutschland war bis zum Jahre 1871 Silber das einzige Währungs=Geld, und alle Waaren wurden dort mit Silber gemessen, gerade so wie hier in Gold.

In Frankreich, wie in den anderen Ländern, welche zur lateinischen Union gehören, sind Gold und Silber in gleicher Weise der Werthmesser aller anderen Waaren. $15\frac{1}{2}$ Unzen reinen Silbers oder eine Unze reinen Goldes sind gleichwerthig eine Entlastung für eine Schuld von 107,1342 Francs. Das Gold= stück von 20 Francs steht in diesem Verhältniß zu dem Silber= stück von 5 Francs und der Schuldner hat in allen Fällen die gesetzliche Wahl, seine Schuld in dem einen oder anderen Metall zu zahlen.

Ich greife hier willkürlich diese drei Länder, Großbri= tannien, Deutschland (vor 1871) und Frankreich als Re= präsentanten ihrer verschiedenen Systeme heraus, das letzte als Beispiel (bis 1874, wo es die freie Prägung von Standard=Silber= geld aufhob) des vollen Gebrauchs der Doppelwährung oder dessen, was man jetzt mit Bimetallismus bezeichnet, und die beiden ersteren als Beispiele, jedes für sich, der zwei Arten einer einzigen oder monometallischen Währung. Es mag nützlich sein, hier eine Skizze der Lage und des Fortschritt der Silber= frage seit dem Datum meines Briefes an Mr. Cazalet zu geben. Der Silberpreis gegen Ende 1879 war höher, als jetzt. Nach= dem derselbe 1872 60 Pence gewesen war, fiel er 1876 bis auf $46\frac{3}{4}$ d., um dann mit verschiedenen Schwankungen auf $53\frac{1}{2}$ b. im November 1879 wieder zu steigen. Ende 1880 betrug der= selbe $51\frac{3}{4}$ b.

Die Haupturfachen der Silberentwerthung können wie folgt bezeichnet werden:

1) Vergrößerung der Silberproduction von $8\frac{1}{2}$ Million 1861 bis auf ungefähr 16 Millionen 1879;

2) Abnahme der Nachfrage nach Silber in Folge von:
   a) der Demonetisirung des Silbers in Deutschland, Skandinavien und Holland und der Beschränkung der Silberprägung durch die lateinische Union;
   b) Vermehrung der indischen Council drafts, in Verbindung mit geringerer Nachfrage in Indien nach Münze, wegen schlechter Erndten 2c.

3) Erhöhung des Goldwerthes, in Folge von:
   a) Verminderung in der Production, welche von einem 1852—1858 auf jährlich 30 Millionen geschätzten Betrage auf ungefähr 21 Millionen jetzt gesunken ist;
   b) vermehrter Nachfrage nach Gold, indem Deutschland und die kleineren Staaten ungefähr 86 Millionen und die Ver. Staaten (seit 1872) mehr als 40 Millionen absorbiren, zusammen ungefähr ein Fünftel des gesammten existirenden Vorraths.

Seit 1878—1879 können die störenden Einflüsse in Europa und Indien als beseitigt angesehen werden. In allgemeinen Worten kann gesagt werden, daß die Operationen in Deutschland nicht ausgedehnt worden sind, daß der Betrag der indischen Council drafts nicht erhöht ist und daß die verbesserte Lage Indiens und des Ostens eine entsprechende Absorbirung von Silber aufrecht erhalten haben. Wenn wir daher, für den Augenblick, eine weitere Untersuchung dieser Punkte bei Seite lassen, so bleiben als Gegenstände, welche in den letzten 2 Jahren Fortschritte gemacht oder wahrscheinlich die nächste Zukunft vorwiegend beeinflussen werden, die folgenden in's Auge zu fassen übrig:

1) die Gold- und Silberproduction, namentlich in Amerika, im Vergleich mit früheren Jahren;
2) die Wirksamkeit des amerikanischen Silberprägungsgesetzes und der Zustand, welcher sich darunter ergiebt;
3) die beabsichtigten Maßregeln in Italien betreffs neuer Goldprägung.

Production von Silber und Gold.

Während der letzten 3 Jahre scheint die Silberproduction, soweit die Ver. Staaten in Betracht kommen, stationär geblieben zu sein.

Schätzungen, welche allgemein angenommen werden, zeigen daß die Production in 1879 sich auf Pfd. Strl. 7,406,000 gegen Pfd. Strl. 7,449,000 in 1878 belief, und daß dieselbe voriges Jahr (1880) Pfd. Strl. 7,500,000 betrug. Die Productionsschätzungen in den Ver. Staaten während der letzten sieben Jahre sind:

1874	Pfd. Strl.	3,464,000
1875	„ „	6,521,000
1876	„ „	7,858,000
1877	„ „	9,169,000
1878	„ „	7,449,000
1879	„ „	7,406,000
1880	„ „	7,500,000

Die Production in anderen Ländern scheint keine beträchtlichen Veränderungen erlitten zu haben, und da die Schätzungen des Angebots im verflossenen Jahre dasjenige in 1879 nicht über= steimen, so kann im Ganzen gesagt werden, daß die bedeutend erhöhte Produktion von 1878 nicht, wie erwartet wurde, auf= recht erhalten worden ist.

Die Production von Gold scheint dagegen in den letzten 3 Jahren beträchtlich abgenommen zu haben. In den Ver. Staaten taxiren die Autoritäten der Münze die Production der letzten 4 Jahre, mit dem 30. Juni abschließend wie folgt:

1877	Pfd. Strl.	9,380,000
1878	„ „	10,240,000
1879	„ „	7,780,000
1880	„ „	7,200,000

Die Production in Australien soll auch abgenommen haben, obschon nicht so empfindlich, während die Aussicht auf Gold= zufuhren aus Indien unsicher ist.

Das Münzgesetz der Ver. Staaten und seine Resultate.

Dieses Gesetz wurde 1878 erlassen. Seine Hauptpunkte sind:

1) Daß der Staat monatlich Silber ausprägen soll (ob für den Verkehr nöthig oder nicht) in Höhe von nicht weniger als Pfd. Strl. 400,000 — und nicht mehr als Pfd. Strl. 800,000 — — Das erforderliche Silber für diesen Zweck wird von der Regierung zum Marktpreise gekauft.

2) So geprägte Dollars sollen ein Gewicht von 412½ Gran Standard Silber haben, wie von dem Gesetz von Januar 1837 bestimmt, und sollen zu ihrem Nominalwerthe legales Zahlungsmittel sein, für alle öffentlichen und privaten Schulden und Abgaben, ausgenommen wo solches im Ver= trage ausdrücklich anders stipulirt ist;

3) Jeder Inhaber dieser Münze kann dieselbe in Beträgen von nicht weniger als 10 Dollars deponiren und ein Certificat darüber erhalten. Diese Certificate sind für Zölle, Abgaben und alle öffentlichen Gefälle in Zahlung zu nehmen und können wieder ausgegeben werden.

Es ist natürlich schwierig, mit Genauigkeit die Wirksamkeit eines fremden Gesetzes in einem fremden Lande zu ermitteln, aber aus den Resultaten scheint hervorzugehen, und, in der That, es scheint zugegeben zu werden, daß dieses Gesetz den Zweck, welcher damit beabsichtigt wurde, nicht erfüllt habe. Es wird angegeben, daß vor Schluß des vorigen Jahres unter diesem Gesetz ungefähr 80 Millionen Dollars (Pfd. Strl. 16,000,000) geprägt waren, daß vor Ende des Jahres 1881 der Betrag von 100 Millionen, wenn die Prägung fortdauert, überstiegen werde. Daß von der bereits geprägten Summe ungefähr drei Viertel, sage Dollar 60,000,000 (Pfd. Strl. 12,000,000) in den Schatzgewölben lagen, welche dem Staate oder Banken oder anderen gehörten, denen der Staat Certificate darüber ausgehändigt hatte. Daß nur ungefähr 20 Millionen Dollars (Pfd. Strl. 4,000,000) außerhalb der Schatzräume verblieben, einschließlich aller der von den Banken wirklich gehaltenen, und daß wahrscheinlich nicht mehr als 10 Millionen (Pfd. Strl. 2,000,000) in thätige Circulation übergegangen waren.*)

Außerhalb der Grenzen der Vereinigten Staaten sind diese Dollars kaum 9 Zehntel eines Golddollars werth, obgleich sie für den einheimischen Amerikaner practisch gleichen Werth wie Gold haben. Daß dieselben jedoch unzulässig sind, ist selbstverständlich, und die Frage weckt große Aufmerksamkeit. Unter den Auskunftsmitteln ist besonders der Vorschlag hervorgetreten, das Gewicht des Dollars zu erhöhen — um dasselbe aber mit Gold gleich zu machen, müßte es von 412½ Gran auf 455 erhöht werden. Auf der letzten jährlichen Versammlung von Banquiers zu Saratoga wurde beschlossen, zu empfehlen, daß diese Dollars in Bullion umgeschmolzen würden und daß eine Nebenmünze (subsidiary coinage) nur auf Erfordern ausgegeben werde, sowie daß Certificate für Depots von Silber-Bullion so nahe wie möglich zum Marktpreise ausgegeben werden sollten. In gewissen Kreisen wächst deutlich das Verlangen nach Beseitigung des ganzen Gesetzes.

Während das unter diesem Gesetz geprägte Silber nicht in Cirkulation gebracht werden kann, wird die Absorbirung von Goldmünzen, namentlich im Westen, als sehr groß geschildert. Nach einer Schätzung der Münzautoritäten der Vereinigten Staaten hat sich die Goldmünzen-Cirkulation des Landes, durch Prägung und Einfuhr, um mehr als 20,000,000 Pfd. Strl. seit dem 1. Januar 1879, dem Tage der Wiederaufnahme der Baarzahlungen, bis zum 1. November 1880 erhöht.

---

*) Siehe Note zur Vorrede 1881.

Die beabsichtigte Aufhebung der Zwangswährung in Italien.

Die italienische Regierung schlägt vor, innerhalb der nächsten 2 Jahre so viel von ihrer Papiercirculation einzulösen, um den Rest auf einen befriedigenden Stand zu bringen, und zu diesem Zweck beabsichtigt man, eine Anleihe von 25,760,000 Pfd. Strl. aufzunehmen, wovon 16,000,000 Pfd. Strl. aus Gold bestehen sollen. Es möchte scheinen, als ob die Regierung, soweit ihre Ansichten bekannt geworden sind, unter den jetzigen Umständen, die Frage einer Doppelwährung gänzlich bei Seite gesetzt und die Gelegenheit, welche durch Substituirung einer Metallwährung an Stelle einer Zwangspapierwährung geboten ist, benutzt habe, um eine Goldwährung einzuführen.*)

Bei Inbetrachtnahme der allgemeinen Lage, soweit dieselbe während der letzten 18 Monate sich verändert hat, kommt man auf folgende Resultate:

1) die Abweichung zwischen dem Silber= und Goldwerth hat sich vergrößert.

Daß dem so ist, dürfte sich aus folgenden Betrachtungen ergeben:

Was Silber betrifft, so hat sich die Nachfrage, wenn überhaupt, nicht sehr gesteigert, während die Production fast stationär geblieben ist. In den Vereinigten Staaten hat die Prägung unter dem Gesetz von 1878 fortgedauert, aber das Land hat sie nicht absorbirt.**) Die Münzen liegen müßig und erfordern nicht einmal die gewöhnliche Zufuhr von Silber, um sie in guter Beschaffenheit zu erhalten. In Europa ist die Limitirung der Silberprägung durch die lateinische Union noch in Kraft, und die frühere große Silberprägung von Deutschland und den nördlichen Staaten erfordert nicht länger die früher nöthige Zufuhr zu ihrer Aufrechterhaltung. Hiergegen jedoch muß eine vermehrte Einfuhr nach Indien von mehr als 4 Mill. Sterling im vergangenen Jahr über das vorhergehende in Rechnung gestellt werden. Auf der anderen Seite ist die Zu= fuhr von Gold nicht blos kleiner, sondern die Nachfrage nach demselben ist in allen Richtungen größer geworden. Angenommen der Australische Ertrag habe sich auf der verminderten Aus= beute der letzten Jahre erhalten, so ist doch die von Amerika anerkannt zusammengeschrumpft. Aber was die Nachfrage an= belangt, so ist die Absorbirung in den Vereinigten Staaten eine fortgesetzte gewesen. In Europa erheischt der gewachsene Betrag

---

*) In Bezug auf Italien verweise ich auf die Bemerkungen des Herrn Verfassers in seiner Vorrede zur deutschen Ausgabe.

Der Uebersetzer.

**) Siehe Note zur Vorrede 1881.

von Goldmünzen, welche an Stelle von Silber getreten sind und der ausgedehnte Kreis, wo Gold vorherrscht, zu seiner Auf= rechterhaltung eine größere Zufuhr als früher, während sogar Indien — wahrscheinlich in Folge größerer Prosperität — dieses Jahr fast 600,000 Pfd. Strl. mehr als voriges Jahr importirt hat. Die Verminderung im Preis des Silbers von ungefähr 53 D. im November 1879 bis auf 51¼ D. in December 1880 repräsentirt wahrscheinlich das Resultat der Wirksamkeit dieser Ursachen.

2) Unter dem Einfluß der in Sicht befindlichen Umstände ist die Wahrscheinlichkeit die, daß der Preisunterschied (zwischen Silber und Gold) eher größer als kleiner werden wird.

Die Macht von Indien und dem Osten, Silber zu absor= biren, ist ein unbekanntes Element. Obgleich dieselbe mit der Prosperität wachsen würde, so wächst in solchen Perioden jedoch auch (möglicherweise für gewerbliche Zwecke) die Einfuhr von Gold. Es erscheint aber keine sichtbare Nachfrage nach Silber anderswo, während jedwede Aenderung im jetzigen Gesetz der Vereinigten Staaten die Nachfrage daselbst verringern und möglicherweise den schon angesammelten nutzlosen Vorrath frei machen würde.

Jeder Schritt der Italienischen Regierung in der Rich= tung, eine Goldwährung einzuführen, würde die Lage natür= lich noch mehr verwickeln und jeden allgemeinen Aufschwung des Handels würde nur alle die Ursachen für größeren Gold= bedarf, Angesichts der abnehmenden Produktion, in steigende Wirksamkeit versetzen.

Wenn wir nun die Sache vom Standpunkte der Befür= worter einer Doppelwährung betrachten, so würde scheinen, daß, abgesehen von allen lokalen Erwägungen und angenommen, daß keine großen Goldentdeckungen die Lage ändern sollten, die natürlichen Ursachen, welche bisher in Thätigkeit waren, die Ansichten derer unterstützt haben, welche auf Seite jener Lösung der Frage stehen; eine Ansicht, welche nothwendig am Stärksten durch die Vereinigten Staaten, als Haupt=Silberproducirendes Land vertreten wird. Die Frage mag aufgeworfen werden, welcher Fortschritt gemacht ist und, wenn ja, in welcher Aus= dehnung, um sie in Stand zu setzen, ihren Willen bei Europa durchzusetzen.

Die Wirksamkeit des Gesetzes von 1878 der Vereinigten Staaten zeigt, falls eine solche Lehre nöthig wäre, die Vergeb= lichkeit eines partiellen Bimetallismus. Hätte man Bimetallis= mus gehabt, rein und einfach, mit freier Prägung jedes Metalls für Jeden, so würde Amerika, geradeso wie Frankreich ehedem den Werth des Silbers auf seinen alten Punkt gebracht haben; obgleich Einige betont haben, daß es diesen Dienst nicht lange durchführen könnte, wofern nicht eine Aenderung in dem rela=

tiven Werth der beiden Metalle einträte, in der Richtung, daß weniger werthvolle werthvoller zu machen — eine Ansicht, die ich später besprechen will. Aber die Vereinigten Staaten führten keinen Bimetallismus ein, und sie scheinen jetzt vor der Frage zu stehen, ob sie denselben einführen, oder sogar den jetzigen Schein eines legalen Silber=Zahlmittels abwerfen und sich zur alleinigen Goldwährung wenden sollen, vertrauend, daß die beständige Absorbirung von Gold, um die Bedürfnisse eines sich immer ausdehnenden Bevölkerungsbereichs zu befrie= digen, zu einer Lösung der Frage in der von ihnen gewünschten Richtung hindrängen werde, und im Bewußtsein der Macht, welche sie als die großen Lebensmittellieferer der Welt besitzen.

Die Bedingungen würden natürlich durch neue Goldent= deckungen modificirt werden; aber, wie die Sache liegt, scheint sich die Frage nach und nach zu einem monetären Kampfe zwischen Amerika und Europa zuzuspitzen.

Amerika wird wahrscheinlich nicht für sich allein eine Doppel= währung einführen, denn das würde soviel sein, als wenn es sich seines jetzigen Goldvorraths begebe und Europa erlauben wollte, die alleinige Goldwährung zu behalten; aber es kann wenn Europa vorangeht, folgen, und die Wohlthaten, welche aus der Etablirung der Doppelwährung hervorgehen würden, mit ernten.

Ehe ich auf die Frage eingehe, ob die Adoptirung der Doppelwährung von Seiten Englands, unter irgend welchen Umständen und in irgend einem Grade, ein Heilmittel für die Uebel, auf welche ich in der Vorrede Bezug genommen, sein würde, will ich feststellen, welche Vortheile in den beiden Systemen vergleichsweise angenommen werden.

Kurz entwickelt, besteht der Vortheil einer Einzel=Metall= währung darin, daß, vorausgesetzt, daß die Münzen in gehörigem Gewicht und gehöriger Feinheit erhalten werden, Jeder, der kauft, und Jeder, der verkauft, genau weiß, was er für die Waare giebt oder erhält, in der er handelt, daß die Handelsberechnun= gen für die darin Engagirten einfacher werden, ob sie nun in demselben Dorfe wohnen oder an den entgegengesetzten Enden der Welt, wenn sie nur Ein Tauschmedium für ihre Waaren haben.

Die Nachtheile, welche eine Doppelwährung in einem ein= zigen Lande diesem Lande selbst bringen, sind so offenkundig und sind so konstant in jedem Lehrbuche über den Gegenstand auseinandergesetzt, von Locke bis auf John Stuart Mill, daß ich mich nicht darüber auszulassen brauche. Die Vortheile, welche eine Doppelwährung in einem einzigen Lande den um= gebenden Ländern bringt, sind einleuchtend.

Aber die Vortheile, welche eine Doppelwährung allen Län=
dern bringen würde, welche gleichzeitig übereinkämen, dieselbe zu
adoptiren, das ist der Punkt, der zur Discussion steht, und es
ist eben eine solche Vereinbarung und die Gründe, welche sie
nothwendig zu machen scheinen, was allein jetzt noch neue Seiten
für unsere Betrachtung darbietet.

Die Vortheile sind:

1) Gleichförmigkeit und daher die Beseitigung jener ver=
änderlichen Elemente, welche ein Hinderniß für den Ver=
kehr sein müssen.

2) Größere Stabilität der Waarenpreise, in soweit als sie
durch das Quantum (Volumen) des Werthmessers be=
einflußt werden.

3) Die Schaffung eines Heilmittels, wenn nicht des einzig
möglichen Heilmittels für die neue Sachlage in Deutsch=
land, Italien und Amerika, wonach diese mächtigen
Nationen in Concurrenz um den beschränkten Goldvor=
rath, der in der Welt existirt, treten.

ad 1) Es ist unnöthig, über den offenbaren Vortheil für den
Verkehr, den ein gleichförmiges Münzsystem unter Natio=
nen hat, hier mehr zu sagen. Ich komme darauf bei
Besprechung von Lord Liverpool's Abhandlung zurück.

ad 2) Es ist klar, daß die Preisschwankungen unter einer
Doppelwährung, obgleich vielleicht häufiger, sicherlich
weniger heftig sind. Der Schluß, zu welchem die Com=
mission von 1868 einstimmig gelangte, beschränkte sich auf
die Behauptung größerer Häufigkeit. Ich kann meine
Stellung nicht besser illustriren, als durch Hinweis auf
das Werk von Mr. Stanley Jevons — kein Parteigänger
der Doppelwährung — über Money and the Mechanism
of Exchange, und namentlich auf die Seiten 137 — 140,
Ausgabe 1878, wo er diesen Punkt bespricht und die
ausgleichende und das Gleichgewicht herstellende Wirkung
der Doppelwährung betont.

ad 3) Ich wende mich jetzt zu der Frage, ob es das einzige
Heilmittel sei, oder ob es eine Wahl gäbe zwischen einer
einzigen Währung aus blos einem Metall und einer zu=
sammengesetzten Währung aus zwei Metallen, welche den
Haupthandelsnationen frei stände.

Ich hege selbst keinen Zweifel, daß theoretisch eine einzige
Währung für die gesammte Handelswelt die beste sein würde,
und daß das Gold das geeignetste Metall wäre, um als solche
Währung zu dienen. Das heißt, wenn wir voraussehen könnten,
die Menschen hätten sich zu einer Zeit mit Bedacht daran gege=
ben, ein Tauschmittel oder einen Werthmesser zu wählen, und
Gold wäre in genügender Menge für das Verkehrsbedürfniß

zur Hand gewesen, so hätte es nichts Vollkommeneres geben können, als die Wahl des Goldes für gedachten Zweck.

Aber das ist natürlich bloße Einbildung, denn keine Nation oder Volk erfand oder wählte mit Vorbedacht einen Werthstandard, und selbst wenn es möglich gewesen wäre, so würden doch dieselben Ursachen oder einige derselben, welche Einige zur Wahl des Goldes führten, andere dahin geführt haben, Silber, Messing oder Eisen, Schafe und Ochsen, ja Salz, getrocknete Fische, Muscheln oder andere Stoffe als Tauschmedia zu wählen. Keine solche absichtliche Wahl könnte je stattgefunden haben. Die Edelmetalle wurden, glaube ich, zu Geld durch allgemeine Einwilligung und durch Gesetz zugleich, und sie wurden das, weil sie ganz ausnahmsweise geeignet sind, als Geld zu dienen. Sie waren unzerstörbar, theilbar, tragbar, schön und selten und besaßen also innerlichen, metallischen Werth.

Ich berühre hier einen beiläufigen Theil der Ausführungen in meiner früheren Broschüre, welche mir die Censur fast aller meiner Kritiker einbrachten. Es war kein wichtiger Theil meiner Argumente, und konnte den Gegnern eingeräumt werden, ohne im Geringsten die Richtigkeit meiner Schlußfolgerungen anzutasten. Es war blos der Erläuterung wegen, daß ich den etwas hyperbolischen Ausdruck gebrauchte: „Gold und Silber sind eine Zwangswährung". Der Zwang, von dem ich sprach, war „Einwilligung" (Consent) und kein anderer, und es war keine Widerlegung meiner Behauptung, zu antworten, daß Nationen in den Gebrauch einer werthlosen Währung nicht einwilligen würden. Ich sagte nirgends oder deutete an, daß sie das thun würden. Mein Satz war nur eine selbstverständliche Wahrheit, nämlich: Keine Waare, so werthvoll sie auch sei, könnte Geld werden, ohne Einwilligung oder stillschweigendes Einverständniß derjenigen, deren Geld sie werden sollte. Sogar für eine wirkliche Zwangswährung, welcher einer Nation durch den Willen des Souverains auferlegt wird, ist Zustimmung, wie unwillig sie auch erfolge, eine Nothwendigkeit.

Ich sagte und ich wiederhole, daß Gold und Silber von Zustimmung (Consent) und von Gesetz, welches Zustimmung (Einverständniß) voraussetzt, ihre Macht als Geld erhalten. Ihre Macht als umsetzbare Waaren erhalten sie, wie Wolle und Eisen, von ihrem inneren Werth und ihrer Brauchbarkeit. Gegen diesen meinen Satz erhob man Einwand, daß ich ihren Werth der Zustimmung beilegte, als wenn ich meinte, daß Zustimmung und Gesetz dasjenige werthvoll machen könnten, was es sonst nicht wäre, und daß innerer Werth von keiner Bedeutung sei. Aber ich sagte nichts von alledem, sondern blos, daß sie (Gold und Silber) ihre Macht als Geld — daß sie überhaupt Geld seien — von Gesetz und Zustimmung erhielten.

Denn wenn nicht, und wenn innerer Werth allein genügte, um eine Waare nach Maßgabe desselben zu Geld zu stempeln, dann müßten ja Zinn und Plattna auch Geld sein, was sie nicht sind. Gold müßte überall Geld sein, was es nicht ist, und Silber müßte hier zu Lande Geld sein, was es nicht ist.

Dann wieder sagte ich in meinem Briefe an Mr. Cazalet: Das Metall, aus welchem das Geld besteht, ist allerdings eine Waare, aber wenn in Geld verwandelt, hört es auf, jenen Charakter zu haben. Geld ist keine Waare, sondern ein Maßstab von Waaren. Auf diese Weise zog ich mir nicht unverdient eine Fluth von Kritiken zu, indem ich das Wort Waare in einem zweideutigen Sinne gebrauchte. Ich gebrauchte das Wort, wie Locke es that, für ein Ding, welches in Geld geschätzt werden kann, und Geld, sei es Gold oder Silber, kann nicht in Geld tarirt werden. Geld kann kein Geld kaufen. Geld als Werthmesser betrachtet, ist in Hinsicht daß es eben Geld ist, keine Waare wie andere Waaren. Der Stoff, aus welchem es gemacht ist, muß und muß natürlich immer eine Waare sein, und Niemand hat gedacht, sollte ich meinen, daß ich soweit an die Verwandlung der Metalle glaubte, um anderes haben denken zu können. Der Sovereign, den ich in meiner Hand halte, ist offenbar eben so sehr eine Waare, wie die Börse, in welche ich denselben stecke, und gestempelt oder nicht, würde derselbe eine tauschbare Waare sein, wie jede andere; aber als Geld hat derselbe noch eine andere Funktion in Zugabe erhalten, derselbe ist Tauschmittel zwischen anderen Waaren, und insofern unterscheidet er sich von diesen allen.

Ich habe angenommen, daß obgleich Gold als einziger Metallstandard für die ganze Welt theoretisch der beste sei, es keine praktische Möglichkeit für dessen Adoptirung als solcher gebe.

Praktisch würden die Schwierigkeiten und sogar Gefahren, es einzuführen, enorm sein. Es würde allerdings ein Irrthum sein, als eine dieser Schwierigkeiten anzuführen, daß der Goldvorrath sicherlich ungenügend für die Verkehrsbedürfnisse sei, denn wenn erst einmal die Adoptirung einer allgemeinen Goldwährung durchgeführt und das Gold im Auslande vertheilt wäre, so würden die gestörten Preise (Waarenpreise) nach einiger Zeit und graduirlich sich (dem Zustand) anpassen und ein normales Verhältniß annehmen.

Außerdem würde die Einführung von Bankerleichterungen wie bei uns, Seitens anderer civilisirter Nationen, also von einem System einlösbarer Noten (um nur gesunder Hilfsmittel zu gedenken) von cheques und clearings, wie wir sie in England haben, den Gebrauch des Metalls so öconomisiren, daß davon mehr als genug da sein würde, wie ich meine.

Aber wenn wir die extreme Unwahrscheinlichkeit einer solchen Aenderung in den Gewohnheiten anderer Nationen bei Seite laffen, fo würde die eigentliche Gefahr bei Einführung einer alleinigen Goldwährung (oder Silberwährung ebenfalls) für alle Länder, welche in gegegenseitigen Handelsbeziehungen ftehen, in der Störung der Preife liegen, welche ich oben erwähnte, in Folge der Einfchränfung der Circulation, die während des Proceffes in jedem Lande der Welt ftattfinden müßte. Die Arbeit wird jetzt von Gold und Silber gethan, von Gold hier und von Silber da, und diefelbe Arbeit wird nachher nur von einem Metall bewältigt werden müffen, die Anbequemung der Preife würde lange Zeit in Anfpruch nehmen, und in der Zwifchenzeit würde das heftige und fortgefetzte Sinfen der Waarenpreife Elend, Panif und Ruin im Gefolge haben: Geld würde fchwerer zu erlangen fein und der Schuldner, welcher Pfd. Strl. 100 zu zahlen hätte, würde finden, daß er zu deren Befchaffung mehr Waaren zu verfaufen hätte, als er mit dem Gelde faufen fonnte, zur Zeit wo er die Schuld aufnahm.

Aber obgleich ein einziges Metall als Geld nur theoretifch das befte unter der jetzigen Sachlage ift, fo ift es doch mehr als bloße Theorie, welche ein einziges Metall als abfolut das befte Geld für irgend eine Nation in ihrem inneren Verfehr hinftellt, und es fcheint nicht ficher, daß die Gründe, welche dies beweifen, nicht auch für ein gemeinfames Syftem für jene größere Nation fprechen, welche die Bewohner der gefammten Handelswelt zu ihren Bürgern zählt. Jedes Argument; welches Lord Liverpool für England anzieht, paßt ebenfogut für die ganze Familie von Nationen, aber er war nicht für andere Staaten da, er wollte feine Goldwährung predigen oder nur eine gleichförmige Währung für andere Nationen, und wenn er es fo gewollt hätte, fo würde es damals um fo fchwerer gewefen fein, wegen ihrer verfchiedenen Vorliebe, entweder für Silber als einzige Währung oder für eine doppelte Prägung von Gold und Silber, fowie auch wegen Mangels jener Communications-Erleichterungen, die wir jetzt genießen und wegen der damaligen Unmöglichfeit, eine internationale Verftändigung herzuführen. Aber in Hinficht Englands, für das allein Lord Liverpool fein Argument beabfichtigte, fo war es der Anwendung fähig und erhielt folche, fo daß Gold die einzige Währung diefes Reiches wurde, und ich würde von diefem Refultat erflären, daß, wenn nichts anderes in Erwägung zu ziehen wäre, und wenn wir feinen anderen Verfehr als mit den Brittifchen Infeln hätten, unfer Syftem vollfommen fein würde. Ich will hinzufügen, daß bis zu den letzten Jahren die daraus entftandenen Uebelftände nicht zu Tage getreten find, und mein einziger Zwecf bei Niederfchreibung diefer Blätter ift, die Gedanfen der Einfichtigen unter uns auf eine forgfältige Prüfung jener Uebelftände zu lenfen, zu dem Zwecfe, herauszufinden, in wie fern diefelben den Handel wirflich gefährden, fowie die Wohl-

fahrt der von England abhängigen Länder, und in wie weit
dieselben die angenommene Vortheile einer einzigen Goldwährung
überwiegen, und wenn gefunden wird, daß ihre Natur eine der=
artige ist, daß sie Abhilfe erfordern, dann der Frage mit vor=
urtheilslosem Blicke näherzutreten, welches Mittel zur Abhilfe ge=
wählt werden soll.

Eines der vorgeschlagenen Rettungsmittel ist die Adoptirung
des zweiten Währungssystems, von dem ich auf der ersten Seite
sprach, das heißt, der Doppelwährung, wie solche in Frankreich
bis 1874 in Kraft war.

Nun, geradeso wie wir finden werden, daß einige National=
ökonomen erklären, es gäbe überhaupt keine Uebelstände
in der einzigen Goldwährung, oder wenn es deren gäbe, so
würden sie keine ernstliche Notiznahme verdienen, so werden
wir auch finden, daß es enthusiastische Vertheidiger der Doppel=
währung giebt, welche sagen, daß nicht nur ihre zugestandene
Wirkung für eine einzelne Nation, welche sie adoptirt, nicht nur
nicht ruinös, sondern positiv vortheilhaft sei. Sei dem wie ihm
wolle, es ist unleugbar, daß das was man Doppelwährung nennt,
wie seiner Zeit in Frankreich eingeführt, in Wirklichkeit eine
alternirende Währung war oder, strenger ausgedrückt, ein alter=
nirendes Umlaufsmittel erzeugte. Einige Zeit vor 1848 hatte das
Gold, welches das theurere der beiden Metalle war, beinahe das
Land verlassen, und fast nur Silber kam zum Vorschein.
Später, als die Erbauung der indischen Eisenbahnen und andere
Ursachen die Nachfrage nach Silber sehr gesteigert hatten, wurde
dieses Metall das theurere von den beiden, und es wurde
schwierig, einen Gold=Napoleon gewechselt zu bekommen.

Und doch war Frankreich in keinem Falle ein rein mono=
metallistisches Land, wie zuweilen angenommen ist; denn das
bimetallistische Gesetz war noch in Kraft, Jeder konnte seine
Schulden in welchem Metall er wollte, bezahlen, und Jeder war
berechtigt, 1000 Fünffrankstücke für 723,391 Unzen reines
Silber oder 1000 Zwanzigfrankstücke für 186,681 Unzen reines
Gold an der Münze zu empfangen.

Aber das theurere Metall war in jedem Falle größtentheils
aus dem allgemeinen Gebrauch verschwunden und Frankreich be=
hielt somit nur die entwerthete Münze von Gold oder Silber,
je nachdem der Fall lag, ein Zustand, welcher nach einigen
französischen Nationalökonomen Beglückwünschung verdiente, als
ob das Land dabei in Vortheil gewesen wäre, welcher aber nach
den meisten englischen Nationalökonomen Mitleid verdiente, als
Verlust bringend, wobei einige soweit gehen, von dem Elend zu
sprechen, welches das französche Volk unter seinem wechselnden
System erdulden mußte.

Mr. Cernuschi's Annahme ist, daß, wenn Frankreich sein
Gold verlor — um dieses Beispiel zu wählen — so war es ihm

nicht wider Willen genommen. Es hat dasselbe freiwillig an=
geboten. Wenn es seine Schulden an England in Gold be=
zahlte, dann erhielt es für jedes 20=Frankšstück 20 Franks Werth
an Waaren oder aber es erhielt Silber für Gold und
hypothetisch mehr Silber als in 5=Frankstücken enthalten ist,
denn Silber war hier billiger als Gold. Folglich verdiente
Frankreich, wie er meint, nach allen Seiten.

Ohne weder die Schlußfolgerung, zu welcher er gelangt, zu
acceptiren, noch zu bestreiten, daß erhebliche Unbequemlichkeit und
Nachtheil in häufiger Verschiebung der Währung unter einem bi=
metallistischen Gesetz in einer einzigen Nation eintreten könnten,
wovon eine monometallistische Nation frei sein muß, so kann
Jemand wohl bezweifeln, daß der Nachtheil für das einzelne bi=
metallistische Land so groß sei, als gewöhnlich vermuthet wird.

Das was mir äußerst geboten erscheint, ist eine sorgfältige
Untersuchung sowohl der behaupteten Verluste und Unbequemlich=
keiten, wie der Wahrheit der Behauptung, daß dieselben unter
der Wirkung eines bimetallistischen Vertrages zwischen den
Hauptnationen der Erde wesentlich verringert werden würden.

Ich habe keinen Grund erkannt, die in meiner vorigen
Broschüre ausgedrückte Meinung zu ändern, daß die angeführten
Uebelstände unter den Umständen eines solchen Vertrags nicht existiren
könnten, und daß, wenn England, die lateinische Union, Deutsch=
land und die Ver. Staaten sich verständigten, alsdann alle Nationen=
ihren Vortheil darin sehen würden, dem Beispiele zu folgen und
daß wenn der Gebrauch von Silber als Tauschmittel gesetzlich
über alle so vereinbarte Nationen ausgedehnt würde, es that=
sächlich wenig oder keinen Unterschied in der Metallwährung,
welche die einzelne Nation für ihren inneren Verkehr gebraucht,
machen würde, in so fern als alle dann doch dasjenige Metall
gebrauchen könnten, für welches sie Vorliebe haben. Es mag
allerdings sein, daß der Gebrauch von Gold in den Ver.
Staaten in den letzten Jahren und die augenblickliche Abneigung
des dortigen Publikums, Silber zu gebrauchen, sie zu der Liste
der Nationen geselle, welche Gold bevorzugen. aber die Wirkung
eines bimetallistischen Vertrages würde nach meiner Meinung
die sein, daß eine weitere Aenderung der Gewohnheiten in dieser
Hinsicht nicht gefördert sondern gehemmt werden würde. —

Ob nun aber mein Glaube wohl begründet sei oder nicht,
daß die Nachtheile der Doppelwährung, wenn solche in einem
einzigen Lande existirte, durch eine gemeinsame Vereinbarung
unter Nationen aufgehoben werden würden, so ist die gegen=
wärtige Frage die, ob die Uebelstände, was immer sie auch
seien, welche jetzt existiren und wahrscheinlich sich vergrößern
werden, solche sind, daß sie ein Heilmittel erfordern, welches, in
Vorgeschmack wenigstens, den Traditionen und, was wichtiger
ist, den Vorurtheilen der Mehrzahl der Engländer so zuwider

sein würde, und ich beabsichtige, die Gründe darzulegen, welche, ich will nicht sagen, eine solche Aenderung nöthig machen, welche aber eine geduldige und verständige Prüfung des Gegenstandes sehr wünschenswerth machen. Die Frage ist eine ernste und wichtige, und verdient kaum, mit der Gleichgültigkeit und Ver= achtung behandelt zu werden, womit einige Nationalökonomen sie abfertigen möchten; denn selbst wenn auch gegen die Uebel= stände, welche jetzt nach meiner Ansicht aus der gegenwärtigen Sachlage hervorgehen, ein so radikales Heilmittel erforderlich oder nicht erforderlich befunden werden sollte, so ist doch das Uebel, welches demnächst resultiren muß, ein viel weiteres.

Das unvermeidliche Ende vom Lied, wenn andere Nationen nicht bei Zeiten die Gefahr erkennen, würde das zu sein schei= nen, daß Gold, während wir die Goldproduction abnehmen sehen, als Standard in der ganzen Handelswelt adoptirt werden würde, mit den üblen Folgen, auf welche ich oben Bezug ge= nommen habe, und das allein, ohne die jetzigen übelen Wirkungen des Sinkens des Silberpreises und der Ungewißheit über dessen Stand von Tag zu Tag zu berücksichtigen, würde Ursache genug für eine ernste Untersuchung sein.

Man hat gesagt, daß diese Furcht vor Vertheuerung des Goldes übertrieben sei, daß die Vereinigten Staaten, als Silber producirendes Land, niemals ernstlich die Demonetisirung des Silbers wünschen können, und daß Italien, wenn es auch vor= hat, seine Baarzahlungen in Gold wieder aufzunehmen, obgleich es im Stande sein mag das Gold zu erlangen, doch sicherlich nicht im Stande sein wird, es zu behalten und daß Deutschland zu gut weiß, welchen Verlust es durch den Verkauf seines Rest= vorraths an Silber erleiden würde, als daß es auf seiner Ab= sicht beharren könnte, dasselbe durch Gold zu ersetzen.

Was die Vereinigten Staaten betrifft, so bleibt die That= sache bestehen, daß eine große Partei laut die vollständige Ein= führung einer Goldwährung verlangt, einige weil sie eine theore= tische Vorliebe für Gold haben, und einige, weil sie denken, daß die Androhung einer Demonetisirung die beste Waffe sei, womit man Europa ihren eigentlichen Wunsch, die Adoptirung der Doppelwährung, aufzwingen könne.

Was Italien anbelangt, so kann ich nicht einsehen, wenn es Credit hat, um die Anleihe, die es wünscht, zu machen, und wenn es einen gleichen Betrag Noten, als ihm Gold zugesandt wird, einzieht, so daß seine Circulation nicht überschwillt, wie dasselbe, wenn es das Gold einmal hat, mit einiger Sicherheit desselben wieder beraubt werden könnte.

Das einzige Ding, welches Edelmetall aus einem Lande treiben kann, ist die Verschuldung dieses Landes, wenn seine Importe seine Exporte übersteigen; das heißt, der Wechselcours. Der Zinsfuß ist die Waffe, womit der Bullionkampf geführt wird.

Einige, um Bullion zu erlangen, andere nm solchen festzuhalten, müssen ihre Zinssätze gegen die anderen erhöhen, und das Steigen des Zinsfußes bedingt das Sinken der Preise. Wenn dann Italien 16 Millionen Pfd. Strl. aufnimmt; wenn die Vereinigten Staaten die 33 Millionen Silber demonetisiren, welche, nach Schätzungen, im Lande existiren und an Stelle der Hälfte von dem was in Circulation, und nicht im Schatze sich befindet, Gold setzen, wenn Deutschland eine gleiche Summe absorbirt, und wenn Frankreich und andere Staaten sich gezwungen sehen sollten, dem Beispiel zu folgen, so würde der Kampf ums Gold, wie es scheint, kein leichter sein, und die Folgen desselben könnten nicht ermangeln, England zu schädigen.

Was am Meisten hinsichtlich des Silbers zu fürchten ist und wogegen, wenn möglich, Vorkehrungen getroffen werden müssen, ist ein weiteres Sinken in dessem Werthe.

Ich brauche nicht des Näheren auf die Wirkung der existirenden Silberentwerthung auf die Indischen Finanzen und alle diejenigen, welche, sei es in Indien oder anderen Silber gebrauchenden Ländern, feste Summen in Silber zu empfangen und feste Summen in Gold zu remittiren haben, einzugehen. Es ist die weitere Entwerthung und, in der That, jedwede abnorme Schwankung, welche die Interessen aller derer in Gold gebrauchenden Ländern, welche in geschäftlichem Verkehr mit Silber gebrauchenden Nationen stehen, schädlich berührt. Solche Schwankung (im Silberwerth) die auf den Cours wirkt, giebt dem Geschäft einen zusätzlich speculativen Character. Die Leute können keine genaue Berechnung über das machen, was sie für ihre Waaren zu bekommen haben. Was sie empfangen, ist für sie eine Waare, gerade so wie Wolle, Baumrinde, Seide oder Thee, nichts mehr und nichts weniger.

Man hat mir in Bezug auf diesen Punkt geantwortet, daß der Kaufmann doch wisse, was er zu empfangen habe, denn weil Rimessen in Wechseln gemacht werden, so sei Alles ein Gegenstand des Wechselcourses, der nothwendig Schwankungen unterliege. Ich antworte, daß meine Behauptung richtig ist, gerade weil es eine Sache des Wechselcourses ist.

Was regulirt den Wechselcours zwischen Nationen? Wo ihre Münzen aus demselben Material bestehen und gleich sind (oder nach einer festen Regel auf Gleichheit reducirt werden, wie das Pfund Sterling und der Napoleond'or) an Gewicht oder Feinheit, da giebt es blos zwei Dinge, welche den Cours reguliren. Erstens, die Kosten des Transports der Münze, und zweitens die größere oder geringere Nachfrage nach Wechseln auf dem Markt, von welchem aus die Remittirungen stattfinden. In solchen Ländern kann aber der Cours niemals unter dem pari Cours, weniger die Transportkosten, sinken. So ist das Vergleichspari des Souvereigns, nach Französischem Golde gemeſſen, 25,21½ Frcs., und da die Transportkoſten zwiſchen 8 und 9 Cts. betragen, ſo veranlaßt ein Cours von 25,12½ den Engliſchen Schuldner, lieber Gold zu ſchicken, als Wechſel zu ſenden oder zu acceptiren.

Aber wenn, andererſeits, die Münzen nicht aus demſelben Stoffe beſtehen, ſo muß der Cours auch mit dem Werthunter=ſchied der beiden Stoffe, eines jeden im andern Markt, variiren. Das Geld desjenigen Landes, aus welchem remittirt wird, iſt aus einem Metalle geprägt, welches in dem Staate, wohin remittirt wird, ein Waarenartikel iſt, und auf dieſe Weiſe kommt ein neues Element der Unſicherheit in die Berechnung. Es ver=ſchlägt nichts, ob die Rimeſſe in Silber, oder Zinn, oder Baum=rinde gemacht wird, ob ſie zu ſo und ſoviel Pence per Dollar, oder ſo und ſoviel Pence pro Unze Silber oder Zinn, oder pro Pfund Baumrinde geſchieht: es bleibt doch nur eine Speculation in einem Product, und dementſprechend ſchwankt in Silberge=brauchenden Ländern der Cours auf England von Tag zu Tag, nicht auf den berechenbaren Werth eines als Geld angenommenen Me=talls hin, ſondern auf den variirenden Werth eines Products, auf den immer wechſelnden Preis des Silbers auf hieſigem Markt hin.

Aber es kann geſagt werden, daß dieſes auch nur eines der gewöhnlichen Riſiko's des Handels ſei und nur eine Zuſatzbe=rechnung auf Seiten des Kaufmanns hier oder ſeines Correſpon=denten in dem Silber gebrauchenden Land erheiſche, und ſelbſt wenn die Aenderung im Silberpreis während der Periode des betreffenden Geſchäfts, und von Tag zu Tag, eintrete, müſſe es Mittel geben, womit man ſich gegen Verluſt verwahren könne.

Ich kenne keine, noch auch iſt es überhaupt eine Frage einer Extraberechnung, die man zu machen hat. Die Preisver=änderungen finden immer während der Periode einer Geſchäfts=transaction ſtatt, und das folgende Beiſpiel wird die Uebelſtände, welche damit zuſammenhängen, erläutern.

Geſetzt ein Fabrikant ſchicke zwei Conſignationen von Waaren — eine nach Auſtralien, die andere nach Calcutta, wobei er ſeinen Correſpondenten mittheilt, daß 30 Sh. pr. Stück ein annehmbarer Preis ſei. Der Auſtralier hat durchaus keine Schwierigkeit; er kennt die Koſten der Remittirung, und wird keine Wechſel für Remittirung kaufen, zu weniger günſtigen Be=dingungen, als durch Einſendung von Edelmetall zu erlangen wären. Seine einzige Berechnung betrifft die mögliche Coursſchwankung zwiſchen dem Tage des Verkaufs (der Waare) und dem Datum des Empfangs reſp. der Remittirung des Erlöſes, und eine Kenntniß der Exporte und Importe wird ihm einen genügenden Schlüſſel zu den Wahrſcheinlichkeiten eines Steigens oder Fallens des Courſes geben.

Der Calcutta Kaufmann kann dieſes auch berechnen, es iſt aber noch ein anderes Element da, worauf er nicht im geringſten rechnen kann, wenn er verkauft. Was wird der Silberpreis in England sein, wenn er seinen Wechsel kaufen will? Silber ist für seinen Englischen Freund eine bloße Waare, und seine Rimesse an ihn ist in Wirklichkeit eine bloße Verschiffung solcher Waare, und auf deren Preisfluctuationen kann er gar keine Berechnung anstellen. Was nun? Es kann geantwortet werden, das sind nur die natürlichen Handels-Risikos. Soll unsere Währung revolutionirt werden, weil ein Fabrikant einen Verlust erlitten hat? Ich antworte, daß dieses ein Extra-Risiko ist, welches vermieden werden sollte und könnte; aber der specielle Verlust für den Verschiffer ist keineswegs ein Maßstab für das Uebel. Denn das Risiko zwingt ihn, seine Sendungen nach jenem Lande einzustellen oder einzuschränken, wodurch sowohl er wie sein Correspondent in Calcutta leiden. Er schränkt in Folge dessen seine Fabrik ein, wodurch große Bevölkerungsklassen in England leiden, und die Geschäfte weit und breit geschädigt werden.

Da Gold das einzige courante und anerkannte Geld hier zu Lande ist, Silber aber das einzige Geld, welches von gewissen anderen Nationen als courant in ihren Ländern anerkannt wird, und da deshalb in diesen letzteren das Gold bloße Waare ist, so muß daraus folgen, daß der Umsatz von baumwollenen Waaren — Eine Art Waare — gegen Silber — eine andere Art Waare — nur eine Art Tauschhandel ist. Der Verkauf von Englischen Waaren für so und so viel Tonnen Gewicht von Kupfer ist eingestandenermaßen Tausch, denn Kupfer ist eben so gut ein Product, wie Wolle es ist.

Der Eintausch gegen so und so viel Gewichtspfunde Silber, welches auch ebenso sehr ein Product ist, wie Kupfer, hat nur den Unterschied, daß wir unser Silber wieder nach einem Ort schicken können, wo es Geld ist. Für uns ist es, im gewissen Sinne, ein Tausch, aber ein Tausch mit einer Erleichterung. Aber hierauf ist mir geantwortet, daß Tauschhandel stattfindet, wo es kein Medium oder Verkehrsmittel gebe — wo Jemand mehr Weizen, als er braucht, hat, aber Eisen braucht, sich nach Jemandem umsehen muß, der mehr Eisen als nöthig besitzt und Weizen braucht. Den Fall, wo es zwei Media oder Maßstäbe, Gold und Silber, deren relativer Werth zu bestimmen sei, gäbe, mit demselben Namen zu bezeichnen, sei sicher ein Mißbrauch der Bezeichnung — worauf ich erwidere, daß die Phrase „zwei Media" eine irrthümliche ist. Ein Tauschmittel muß, denke ich, doch Etwas sein, welches von beiden Partheien als solches acceptirt wird; zwei Media, wovon das Eine ein Medium ist, welches von der einen Parthei acceptirt, und das andere ein Medium, welches von der anderen acceptirt wird — eins von England und eins von Mexico — haben nichts gemein mit einem von beiden Seiten acceptirten Medium, nichts, was das eine ober andere aus ber Categorie von Waaren in dem Laube, wo es nicht als Medium acceptirt wird, herausnehmen könnte.

Ob solche Geschäfte geziemend Tauschgeschäfte genannt werden oder nicht, ist völlig unwichtig. Was ich sagen will, ist, daß es ein Hinderniß für den Verkehr ist. Insofern es Tausch= geschäft ist, wird es, wie jedes Tauschgeschäft, in commerciellen Ländern durch den Gebrauch von Wechseln verdeckt.

Man sagt mir, und mit Recht, daß die Unbequemlichkeit, über welche ich mich beklage, nur dieselbe ist wie die, welche durch in Uebermaß ausgegebenes Papiergeld verursacht wird, und man fügt hinzu, daß, weil wir diesem Uebelstande nicht ab= helfen können — denn kein Vertrag kann eine in Schwierigkeiten befindliche Nation abhalten, solches Papiergeld auszugeben — kein Grund vorliege, weshalb wir gestatten sollten, uns durch etwas stören zu lassen, was gleicher Art sei.

Aber es besteht ein großer Unterschied zwischen den beiden Fällen, und es ist klar, daß, wenn die Coursschwankungen in einem Lande, welches uneinlösbares Papiergeld gebraucht, auf einer unvorhergesehenen und übermäßigen Ausgabe solchen Papiergelds beruhen, der Fall schlimmer liegt, als bei S lber, aber das kommt bloß daher, weil die Productionsschwierigkeit geringer ist. Die Druckerpreß=Mine kann viel leichter in Thätig= keit gesetzt werden, als das Bergwerk, und die Quantitäsbe= rechnung ist sogar noch schwieriger. Mr. Goschen sagt in einer Rede über die Silberfrage, daß die Leute sehr gute Geschäfte mit den Ländern machten, wo die Coursschwankungen enorm seien. Was ist aber ein gutes Geschäft? Nutzbringende Ge= schäfte werden von Einigen gemacht, aber auf Kosten eines er= höhten Risikos, eines Risikos, welches die Geschäfte für andere unprofitabel macht. Ein solches Geschäft kann kaum als ein gutes bezeichnet werden. Der Verkehr leidet, wie in dem Bei= spiel, Seite 30 angeführt ist, durchweg — sowohl mit Indien, wie allgemein — durch das zusätzliche Risiko, erstens in Folge der Silberentwerthung, welche die Importe abfallen läßt, und zweitens, und in viel höherem Maße, wenn das Land, mit welchem wir verkehren, gezwungen ist, durch Kriegsnoth oder andere Ereignisse, uneinlösbares Papiergeld auszugeben. Nach solch' einem Lande zu irgend einer Zeit Waaren zu senden, mag riskant sein; zu schicken, solange die Noth anhält, mag gleich= bedeutend mit verschenken sein, wenn Noten ad libitum und ohne Ankündigung ausgegeben werden.

Es ist wahr, nichts kann solches Land hindern, das zu thun; aber nichts kann ein goldgebrauchendes Land hindern, den gleichen übeln Schritt zu thun, und alle Uebelstände eines riskanten Wechselkurses würden in unsern Beziehungen zu demselben über uns kommen und alle Uebelstände der Goldentwerthung, welche dessen thatsächliche Demonetisirung durch eine so handelnde

Nation erzeugen würde, und es kann, glaube ich, gezeigt werden, daß diese Uebelstände mit doppelter Gewalt kommen, wenn unser Geld nicht aus Gold alleinbesteht. —

Daß aber eine schnelle Ausgabe von uneinlösbarem Papiergeld den Cours des ausgebenden Landes nachtheilig berührt und dem Geschäft schadet, ist kein Grund, sich unter den leichter zu beseitigenden Uebelständen einer Silberentwerthung oder Goldvertheuerung ruhig zu verhalten.

England also hat unter der Unbequemlichkeit gelitten, seine Waaren nicht für Geld sondern für eine Waare abgeben zu müssen, welche einer kaum berechenbaren Preisschwankung ausgesetzt ist — eine Unbequemlichkeit, welche ganz sicher nicht vorkommen würde, wenn es, sowie die Nationen, mit welchen es handelt, dasselbe Metall als Geld gebrauchte, noch, wie ich denke, wenn sie dieselben Metalle als Geld gebrauchten. Wie ist es ihm möglich geworden, einen solchen uncivilisirten Verkehrszustand zu ertragen? Es ist nur möglich gewesen, weil die Sachlage, bis in die neuere Zeit, unbemerkt geblieben war. Es gab ein Sicherheitsventil gegen den Druck, welches einer Explosion vorbeugte, — eine Salbe für das Geschwür, welche verhinderte, daß der Schmerz gefühlt wurde. Frankreich war da, mit seiner Doppelwährung von Gold und Silber, und erhielt das Gleichgewicht der beiden Metalle, indem es ohne Unterschied das Gold von England und das Silber von Indien aufnahm, und zwischen beiden Ländern als Wechselstube (clearing - house) fungirte. Mr. Giffen erwiderte auf diese, meine Auffassung, daß Frankreich, während einer langen Reihe von Jahren, vor 1848, thatsächlich nur eine Einzel-Währung gehabt habe, und folglich, da es uns kein Gold geben konnte, uns jenen Dienst nicht habe leisten können. Ich antworte, daß die Thatsache, daß während einer gewissen Zeit thatsächlich ein Metall in Frankreich vorherrschte, nihil ad rem ist. Frankreich besaß immer freies Prägungsrecht für beide Metalle. Daß sein Gold (oder Silber) exportirt wurde, berührte die Frage gar nicht.

Sein Streitpunkt ist wie folgt:

„Solange als Jemand, welcher Gold hat, es für 15½ Silber „hergeben will, kann Silber nicht unter 15½ fallen!"

„Aber wenn Keiner, der Willens ist, Gold für 15½ Silber „herzugeben, Gold zu geben hat, so hat er auch keine Macht, „das Fallen des Silbers in Verhältniß zu Gold zu ver-„hindern."

„Das war der Fall vor 1848 in bimetallistischen Ländern. „Sie hatten kein Gold für Silber zu geben. Deshalb konnten „sie nicht hindern, daß Silber auf 16, 17, 18, 19, 20 oder „irgend einen andern Preis, im Verhältniß zu Gold stiege. „Das bimetallistische Gesetz war unwirksam."

3

Dieses ist insofern richtig, als, wenn in einem bimetallistischen Lande, welches mit seinem Bimetallismus allein steht, Gold das theurere Metall wird, es theoretisch richtig und praktisch möglich ist, daß alles Gold=Bullion und vielleicht der größere Theil der Goldmünzen ebenfalls, das Land verlasse, und dann würde irgend Jemand dort, der Gold für irgend einen Zweck gebrauchte, ein solches Agio dafür zu zahlen haben, daß das nominelle Verhältniß in jenem Lande, zwischen Silber, der als=dann fast allein coursirenden Münze, und Gold alsdann practisch eine Waare geworden, auf jedwedem Punkt gebracht werden könnte.

Aber das entkräftigt nicht im Geringsten meine Ansicht, welche nicht dahin geht, daß die Existenz einer Gold= und Silberwährung in Frankreich den Preis von Silber in England beeinflusse, sondern dahin, daß es das Gesetz der freien Prägung sei, ein nothwendiger Theil des Gesetzes der Doppelwährung, welches durch sich selbst einen constanten und vergleichsweise stetigen Markt für das Metall erhalte, und ich behaupte daher, daß jenes Gesetz der freien Prägung nothwendigerweise den Preis der Waare, Silber, in England oder irgend einem anderen monometallistischen, Gold gebrauchenden Lande auf einem Punkt erhalten muß, welcher durchaus nicht von der Macht, Gold aus Frankreich zu erhalten oder von dem Agio, welches dort dafür bezahlt werden mag abhängt, sondern von dem Wechselcours zwischen beiden Ländern. —

Wenn z. B., Frankreich morgen am Tage die volle Wirk=samkeit seines bimetallistischen Gesetzes wiederherstellte, so kann es keinen Zweifel unterliegen, daß der Silberpreis hier an demselben Tage, wenn der Wechselcours etwa pari stände, auf seinen alten Punkt zurückkehren würde. Es würde ganz und gar nur eine Wechselcoursfrage sein, und gesetzt der Cours variire bloß in seiner normalen Weise unter dem Ein=fluß mehr oder weniger reichlicher Ernten in Frankreich und mehr oder weniger Nachfrage nach fremden Nahrungsmitteln, so würde eine zufällige Remittirung von 15½ Unzen reinen Silbers nach jenem Lande, zum Verkauf, nothwendig dem Re=mittenten einen Credit dafür öffnen, gegen den er trassiren könnte. Wenn also der Cours pari stände, so würde er seine Tratte Lstr. 4 4 sh. 11¾ d. verkaufen, welches das Aequivalent für eine Unze reinen Goldes ist, nach dem Verhältniß von Lstr. 3 17 sh. 10½ d. per Standard=Unze, oder wenn derselbe über pari wäre, für etwas mehr — in keinem von diesen Fällen würde er in Wirklichkeit das Silber remittiren — aber wenn der Cours unter pari wäre, so würde seine Macht, zu remittiren (um dagegen zu trassiren) unvermeidlich den Preis fixiren, unter welchen Silber auf dem Londoner Markt nicht fallen könnte.

Das Vorhandensein oder Nichtvorhandensein von Gold in Paris, die Thatsache, ob Frankreich uns Gold zu geben hätte oder nicht, würde nicht im Geringsten die Frage berühren. Es würde gänzlich nur eine Wechselcoursfrage sein — der Handelsbilanz zwischen beiden Ländern — und der Frage ob Frankreich zur Zeit an England schuldet oder nicht.

Es würde immer die Macht existiren, Silber zum Verkauf nach Paris zu schicken, und für das Aequivalent zu trassiren, um es in London in Gold zu empfangen. Das ist genau, was in jenen Jahren 1827 und 1871 geschah, wo Frankreich, wie es hieß, von Gold entblößt war, wo aber doch der Silberpreis in England nur zwischen 58⅞ und 60⅜ schwankte. Der Durchschnitt des niedrigsten Jahres (1845) war 59⅜. Mr. Seyd stellt folgende Preisliste von 1827 an auf:

Jahr	Niedrigster Preis.	Höchster Preis.	Jahr	Niedrigster Preis.	Höchster Preis.
1827	59½	60¼	1854	60⅞	61⅞
1828	59¼	60⅛	1855	60	61⅝
1829	59½	60	1856	60½	62¼
1830	59¾	60	1857	61	62⅜
1831	60	60⅞	1858	60¾	61⅞
1832	59¾	60¼	1859	61¾	62¾
1833	58¾	60	1860	61¼	62⅜
1834	59¾	60⅜	1861	60⅛	61¾
1835	59¼	60	1862	61	62⅛
1836	59⅜	60⅜	1863	61	61¾
1837	59	60⅜	1864	60⅝	62½
1838	59⅜	60⅛	1865	60½	61⅞
1839	60	60⅝	1866	60⅜	62¼
1840	60⅛	60⅝	1867	60 5/16	61¼
1841	59¾	60⅜	1868	60⅛	61¼
1842	59⅛	59¾	1869	60	61
1843	59	59⅝	1870	60¼	62
1844	59¼	59¾	1871	60 3/16	60⅞
1845	58⅞	59⅞	1872*	59¼	61⅛
1846	59	60⅛	1873	57⅞	59 15/16
1847	58⅞	60⅜	1874**	57¼	59½
1848	58½	60	1875	55½	57⅝
1849	59½	60⅛	1876	46¾	58½
1850	59½	61½	1877	53¼	58¼
1851	60	61⅝	1878	49½	55¼
1852	59⅞	61⅞	1879	49	
1853	60⅝	62⅜			

*) Demonetisirung des Silbers durch Deutschland.

**) Aufhebung der freien Prägung für Silber durch die lateinische Union.

Obgleich der Gewinnunterschied auf das in den Berg=
werken producirte Gold und Silber kein abnormer war, so
exstirte doch ein Unterschied, wie die Thatsache zeigt, daß Frank=
reich von Gold, dem theureren Metall, entblößt war.

Dennoch schwankte der Preis nur, wie in der
Tabelle ersichtlich ist.

Der höchste Preis in 1879 war 53⅜ und der Durchschnitts=
preis des Jahres war 53³/₁₆. Er ist jetzt 52¹/₁₆.

Es ist sehr möglich, daß, wenn die relative Produktion und
Nachfrage bei beiden Metallen in richtigem Verhältniß erhalten
worden wäre, alsdann auch dieselbe Stetigkeit im Preise geblieben
wäre, aber meine Ueberzeugung ist, daß, auch wenn Production
und Nachfrage schwankten, doch die Macht, 107, 1342 Franken
für meine 15⅜ Unzen reinen Silbers zu erhalten, die Tendenz
gehabt hätte, den Preis zu stetigen, und daß ohne die Noth=
wendigkeit, wirklich eine solche Remittirung zu machen, die andern
Silber gebrauchenden Länder nothwendig den Preis, den sie für
Silber zahle nwürden, nach dem Preis reguliren würden, welcher
durch Remittirung nach Frankreich (in Franken) zu erzielen wäre.

Es ist allerdings begreiflich, daß eine abnorme Silber=
produktion oder eine große Verminderung der Nachfrage durch
Handelsstockungen oder Aufhören des Gebrauchs des Silbers
als Geld in irgend einem Lande, die Kaufleute zwingen würden,
ihre Silberconfignationen nach Frankreich zu verschiffen und da=
gegen zu traffiren. Alsdann könnte möglicherweise der Wechsel=
cours, wenn die Exporte Frankreichs mit der Aenderung nicht
Schritt gehalten hätten, sei es durch absolute Vergrößerung oder
Verminderung anderweitiger Importe, stark gegen das Land,
sich stellen, und ein entsprechendes Sinken im Silberpreis würde
zu wege gebracht werden, aber es würde auch dann nur eine
Wechselcoursfrage sein, der Bilanz von Export und Import, unter
Einschluß natürlich, des Imports von Silber. So lange als es
viel Gold in Frankreich zu remittiren gäbe, würde die Fluctuation
im Wechselcours und folglich im Preis des Silbers auf dem eng=
lischen Markt zwischen sehr engen Grenzen liegen, weil die Wechsel=
course von Zeit zu Zeit durch Goldremittirungen rectificirt
werden würden, aber auch wenn alles Gold, was geschickt werden
könnte, abgegangen wäre, wie in der schon erwähnten Zeit vor
1848, sogar dann könnte Silber, wenn die Wechselcourse sich
günstig für Frankreich erhielten, nicht sinken. —

Es ist wahr, daß ein fortgesetztes Sinken des Wechselcourses
oder gar die Kosten, mehr Silber zu prägen als für den inneren
Verkehr nöthig ist, dem bimetallistischen Lande unerträglich werden
und es veranlassen würde, das zu thun, was Frankreich aus Furcht
vor einem solchen Resultat gethan hat, d. h. die volle Thätigkeit
des bimetallistischen Gesetzes zu suspendiren, aber bis diese Suspen=

---

*) Im Mai 1883 ist der Silberpreis bis 50¹/₈ d. gesunken.

birung statt hatte, mußte die durch jenes Gesetz garantirte
freie Prägung den Silberpreis an den Wechselcours
zwischen London und Paris binden.

Bimetallismus, sagt man, bloß in Einem Lande, ist eine Un=
möglichkeit. Das ist blos ein zweideutiger Gebrauch des Wortes
Bimetallismus. Ein bimetallistisches Gesetz und die freie Prägung,
welche ein nothwendiger Theil desselben ist, kann vollkommen
wohl in einem Lande allein existiren und hat in Frankreich in
der That beinahe hundert Jahre bestanden; wenn aber unter Bi=
metallismus die Circulation der zwei Metalle zu ein und derselben
Zeit verstanden wird, so ist es ganz richtig, daß Gold und Silber
in irgend einem einzigen Lande nicht lange bleiben und die
Functionen einer nationalen Währung verrichten können, so lange
es monometallistische Nachbaren hat. Die Wohlthaten seines bi=
metallistischen Systems für jene Nachbaren werden bleiben, wäh=
rend dem Lande selbst bleibt, was immer für Unbequemlichkeiten
an dem System haften mögen.

Für die letzten 60 Jahre genossen wir jene Wohlthaten.
Frankreich, indem es als ein clearing-house (Wechselstube) zwischen
England und Indien handelte, war unser Retter gegen die Un=
zuträglichkeiten der Entwerthung der Währung des letzteren Landes.
Jetzt aber, wo das clearing-house, eine Zeit lang wenigstens,
seine Thätigkeit eingestellt hat, haben die letzten vier oder fünf
Jahre uns die Existenz des Uebels und die Gefahr seiner Ver=
größerung dargethan.

Ich glaube nicht, daß irgend Jemand sich zu zeigen bemüht
hat, entweder, daß es überhaupt kein derartiges Uebel gebe, oder,
wenn ja, daß es erträglich oder unheilbar sei. Geduld ist uns
freigebig verschrieben worden, auch andere Heilmittel sind uns vor=
geschlagen, welche, dachte man, für uns besorgt werden könnten,
ohne Dazwischentreten oder Bemühen unsererseits. Entweder (1)
die Ueberproduction von Silber würde aufhören. Es würde
endlich mit der abnormen Silberfluth, welche durch die deutschen
Verkäufe von demonetisirtem Silber über den Markt ergossen
sei, zu Ende gehen, und das Geschäft würde sich von seiner jetzigen
Flaue erholen, und wenn alles das eingetreten sei, würde alles
in seinen normalen Zustand zurückkehren, Silber und Gold würden
ihr gewohntes Verhältniß zu einander wieder annehmen, die Ver=
luste der Indischen Regierung würden aufhören, und in unseren
Verkehr mit Silber gebrauchenden Ländern würde wieder Sta=
bilität einkehren.

Oder (2) wenn keines dieser Dinge geschähe, dann würde
der Druck des Uebels, wenn es ein Uebel sei, Frankreich in seine
alte Bahn zwingen, und Deutschland, wenn nicht in seine alte
Bahn des Silber=Monometallismus, zum wenigsten in Harmonie
mit dem bimetallistischen Frankreich, und Alles würde gut sein.

Betrachten wir die erste Alternative.

Die Ueberproduction in Amerika hat aufgehört, das Geschäft hat sich einigermaßen gebessert, und für jetzt wenigstens sind deutsche Silberverkäufe eingestellt, und diese beiden Umstände, in Verbindung mit etwas Nachfrage für den Continent, verursachten zeitweilig eine kleine Besserung im Preise des Metalls; aber wo ist die Rückkehr zu dem normalen Zustand, welcher von 1820 an vorherrschte? Wo ist das Ende der Verluste der Indischen Regierung?

Es ist klar, daß selbst wenn das todte Gewicht des deutschen Silbers aus dem Markte entfernt würde, so könnte das Silber, so lange es als Waare behandelt wird, in keinem Falle zu seiner früheren Stellung in Bezug auf Gold zurückkehren, denn es würde noch Eine große Ursache für einen niedrigeren Preis in dem Aufhören der Nachfrage für Münzzwecke für Deutschland (und einige andere Länder) übrig bleiben. Die Indische Regierung würde also finden, daß ihre Schwierigkeiten gemildert, aber nicht beseitigt wären, und wir könnten keine Stetigkeit für irgend einen Durchschnittspreis, bei dem man nach Beseitigung der wirklichen Störungsursachen anlangte, erwarten, so lange das Compensationspendel, welches die Französische Doppelwährung darbot, nicht wieder hergestellt wäre.

Eine neue Demonetisirung von Silber oder Gold, eine große Entdeckung irgend eines dieser Metalle, große commercielle Störungen in Ländern, welche das eine gebrauchen, während diejenigen, welche das andere gebrauchen, vergleichsweise prosperiren — irgend eine dieser Ursachen könnte auf's Neue eine heftige Störung in die Verhältnisse zwischen Gold und Silber bringen, und die Uebelstände, über welche wir uns jetzt beklagen, erneuern.

Ein neuer Zufluß von Gold und Silber ans den Bergwerken, ist von diesen Störungsursachen die eine, welche wir am wenigsten in Rechnung zu ziehen brauchen. Wenn solche neuen Entdeckungen gemacht werden, können wir nichts daran ändern. Wir können sie weder vorhersagen, noch uns dagegen schützen. Wenn sie kommen, kommen sie, und nichts was wir thun können, kann ihr Kommen oder Nichtkommen beeinflussen. Aber Demonetisirung von Seiten anderer Länder ist ein Uebel, welches wir beschleunigen oder verhindern können. Das Beispiel Deutschlands wird bereits von einigen kleineren Staaten befolgt, und je mehr deren sind, welche diese Richtung nehmen, desto mehr fühlen diejenigen, welche noch Silber gebrauchen, ihre Stellung zweifelhaft werden, und das Resultat könnte dasjenige sein, welches ich in meiner Vorrede angedeutet habe, nämlich daß Andere unwiderstehlich getrieben werden könnten, dem Beispiele zu folgen, und daß Silber aufhören mag, Geld in Frankreich und der lateinischen Union, in Deutschland und den Ver. Staaten zu sein.

Nun die andere Alternative. Ohne Zweifel würde Alles gut sein, wenn die anderen Nationen sich über den Gebrauch der Doppelwährung verständigten, während wir unser jetziges System

unverändert beibehalten, und soweit mit dem Bimetallismus har=
moniren, daß wir in einem Theile des Reiches eine Goldwährung
haben und Silber in einem andern, aber es darf bezweifelt werden,
ob, wenn die beiden Nationen, welche am Meisten an der Silber=
frage interessirt sind, England um Indien's Willen und die Ver.
Staaten um ihrer selbst Willen, als Silberproducenten, zurück=
halten, die andern in die Lücke springen werden. Sei dem wie
ihm wolle, die Ver. Staaten haben die Frage wieder eröffnet,
und eine zweite Conferenz soll sich in einigen Tagen versammeln.
Es ist sehr zu hoffen, daß sie zu einer internationalen Verstän=
digung gelange, denn wenn nicht, ist zu sehr wahrscheinlich, daß
die Dinge schlimmer sich gestalten, sowohl in Hinsicht der Gold=
vertheuerung als der Silberentwerthung, und eine Vereinbarung,
welche das einzige wirkliche Rettungsmittel ist, wird jedes Jahr
schwieriger werden.

Es ist, denke ich, gezeigt worden, daß eine Verständigung,
ein einziges Metall als Verkehrsmedium zu adoptiren, practisch
unmöglich sei; aber die Adoptirung der Doppelwährung durch
die Hauptnationen der Welt würde ihnen eine gemeinsame Metall=
basis verschaffen, welche für die Bedürfnisse des Verkehrs genügt
und noch lange genügen würde.

Rund gesagt, die Hälfte der Welt gebraucht Gold und die
andere Hälfte gebraucht Silber: die Adoptirung der Doppelwährung
würde bloß diese Aenderung herbeiführen, daß die ganze Welt beides,
Gold und Silber, gebrauchen würde. Es würde nicht mehr Zu=
nahme oder Verminderung (in Folge einer solchen Maßregel) in
der Quantität des Circulationsmediums unter den Nationen
geben, als wenn die ganze Menge beider Metalle in das, was
die Römer Electrum nannten, zusammen geschmolzen wäre, d. h.
ein zusammengesetztes Metall aus Gold und Silber. Ich habe
schon gesagt (und es ist wenig mehr als ein Truismus), daß
kein Metall jemals das Geld irgend eines Landes ohne nationale
Zustimmung gewesen ist. Sogar eine uneinlösbare Papierwährung,
wie werthlos sie auch sei, kann als das Geld einer Nation dienen,
aber sie muß die nationale Einwilligung haben, um sie brauch=
bar zu machen, und jene Einwilligung kann sie brauchbar machen,
ungeachtet, daß sie schlecht in Prinzip und Anwendung ist. Da=
mit irgend ein einziges Metall universell Geld sei, brauchen wir
internationale Einwilligung; aber wir haben weder für einen
Goldwerthmesser allein, noch für einen Silberwerthmesser allein
jene internationale Einwilligung; und ich sehe nichts in dem
Grunde der Sache, weshalb alle Nationen nicht zu einer gemein=
samen Einwilligung gelangen sollten, beide Metalle zusammen in
einem gewissen, relativen Verhältniß zu gebrauchen, vertrauend,
daß die Einführung freier Prägung als nothwendige Folge fort=
gesetzte und unbeschränkte Nachfrage hervorrufen und so jenes
Verhältniß unverändert bewahren würde.

Welches jenes Verhältniß sein sollte, wenn solch' ein Ding möglich sei, werde ich gleich besprechen.

Daß beide Metalle jedes für sich wohl geeignet seien, Geld zu sein, beweist die ganze Geschichte, und das wenigst kostbare der beiden war als courantes Geld beim Kauf Gang und Gebe, ehe das andere, ausgenommen für Zierrath, gebraucht wurde, ver=muthlich weil es reichlicher vorhanden war. Eine gewisse Menge ist nothwendig; denn es muß genug da sein, um als

the . . common drudge 'twixt man and man

zu dienen, aber Eine Hauptnothwendigkeit ist, daß seine natür=lichen Kosten oder vielmehr die Schwierigkeiten seiner Production bedeutend seien, so daß nicht zu viel Ueberfluß da sei, denn das ist ein Schutz gegen übermäßiges Anschwellen der Währung und unbequemes Steigen der Waarenpreise. Aber ich habe oben auch gesagt, es giebt andere Metalle und andere Stoffe, welche schwerer zugänglich und theurer zu produciren sind, als Gold und Silber. Seltenheit allein ist keine genügende Befähigung, noch Unzerstörbar=barkeit, noch Transportfähigkeit, wie nöthig diese und andere Eigen=schaften auch sein mögen. Noch auch, ist andererseits, Ungleichmäßig=keit der Herstellungskosten oder Billigkeit eines Theiles des gebrauchten Metalls ein Hinderniß gegen seine Brauchbarkeit, um ein Werth=messer zu sein. Daß ein großer Theil des in Australien und Californien entdeckten Goldes nur halb oder ein viertel so viel pro Unze kostet, als das in einigen anderen Ländern entdeckte Gold, ist kein Hinderniß, daß billiges und theueres Gold gleich geeignet sei, um als Verkehrsmedium zu dienen. Was sollte nachtheiliger sein, daß ein Metall, dessen Production bloß ein Sechzehntel von dem kostet, was Gold kostet, in einem ge=wissen Verhältniß mit Gold zusammen geworfen wird, um den Gelddienst für die ganze Welt zu verrichten, oder daß man billiges Gold mit theurem auf gleiche Stufe stellt? Ich kann in beiden Fällen nur wenig Unterschied, außer einem des Grades sehen und daß das fragliche Metall weiß anstatt gelb ist. Wir können zwischen billigem und theuerem Gold nicht unterscheiden, und es scheint nutzlos, zwischen billigem Silber und theurem Gold eine andere Unterscheidung zu machen, als was die Natur vollbracht hat, zur Zeit wo sie zusammengekoppelt wurden.

Aber der Einwand, welcher gewöhnlich gegen eine Doppel=währung erhoben wird, gegen den neben einander stattfindenden Ge=brauch von Gold und Silber als Geld, ist nicht, daß sie nicht so ins Joch gespannt werden sollten, sondern es nicht können, und ich will jetzt fortfahren, die Einwände, welche gewöhnlich gemacht werden, zusammenzustellen, nachdem ich zuvor deutlich ausein=andergesetzt habe, was die Anhänger der Doppelwährung wollen.

Mögen die Regierungen der Haupthandelsnationen sich über das jetzige annähernde Verhältniß des Sil-

bers zum Golde verständigen — wir wollen annehmen,
um eine Ausgangsgrundlage zu haben, daß 15½ das
Verhältniß sein solle. Es ist eins, über welches, wie
wir benachrichtigt sind, die Regierungen von Frankreich und den Vereinigten Staaten bereits einig sind,
und welches viele von sogar unseren stärksten Gegnern als
das einzig Mögliche zuzugeben Willens sind, wenn
das Princip der Doppelwährung selbst angenommen
werden könnte. Möge dann unsere Regierung einwilligen, daß im brittischen Gebiet 113,0016 Gran
reines Gold (123,27447 Standard) oder 1751,5247 Gran
reines Silber (1893,5403 Standard) ohne Unterschied
eine gute Ablösung für eine Schuld von einem Pfund
Sterling sein solle, und daß sie alles Silber, welches
irgend Jemand in Stücken von 350,3049 Gran rein zur
Münze bringt, prägen wolle. Der Schuldner soll
immer die Wahl haben, seine Schuld entweder in Gold
oder Silber zu zahlen. Für andere Länder wäre das
Gewicht, die Bezeichnung und Währung von Silber
und Goldmünzen in entsprechender Weise zu spezifi-
ziren. Dieses ist das ganze Gesetz.

Die Antwort auf die Frage: Was ist ein Pfund
Sterling? würde sein, entweder 113,0016 Gran reines
Gold oder 1751,5247 Gran reines Silber, nach der
Wahl des Zahlenden.

Die Einwände nun, soweit ich im Stande war, sie zu
sammeln, sind die folgenden:

I. Es ist unmöglich, durch gesetzgeberische Verfügung den
Werth irgend einer Waare zu reguliren; Gold und Silber sind
Waaren, deshalb ist es unmöglich, ihre relativen Werthe zu
fixiren.

II. Wenn es versucht wird, wird die Natur dagegen
revolutioniren, und dasjenige, welches in Wirklichkeit und trotz
des Gesetzes das billigere der beiden Metalle ist, wird vor-
herrschen, und das andere wird das Land verlassen, wie es in unserer
eigenen Erfahrung in Frankreich mit Gold und Silber geschah.

III. Wenn es aber möglich wäre, so wird zugegeben, daß allgemeine Uebereinstimmung nöthig sei, und diese Uebereinstimmung
ist unmöglich.

IV. Aber wenn Zustimmung möglich wäre, und wenn sie
genügte, ein vernünftig annäherndes Verhältniß zwischen Gold
und Silber festzusetzen, so würde doch immer ein Vorzug für
Gold da sein, welches deshalb einen größeren verhältnißmäßigen
Preis haben würde, weil es, wegen seines geringeren Volumens
(1) billiger zu verschicken und (2) leichter zu zählen ist.

V. Gesetzt ein doppelter Werthmesser sei eingeführt, so würden die Wirkungen einer neuen Silberfluth aus den Berg= werken verderblich sein. Sie würde den Verkehr überwältigen, den Preisen einen plötzlichen und gefährlichen Impuls geben und das Verhältniß zwischen Gläubiger und Schuldner stören.

VI. Angenommen seine Einführung beruhe auf der Grund= lage eines Verhältnisses von 15½ Silber zu 1 Gold, während das existirende Verhältniß vielleicht 18 ist, dann würde die Wirkung sein, erstens, daß dem Betrieb von Silberbergwerken über die ganze Welt ein solcher Sporn gegeben wäre, daß die befürchtete Silberfluth wirklich und unvermeiblich über .uns kommen würde, und zweitens, daß selbst wenn keine Produktions= vermehrung stattfände, es an und für sich die Gesammtcirculation der Welt durch den Zusatz von 2½ Unzen für jede 15½ Unzen vermehren würde.

VII. Es würde auch die materielle Unbequemlichkeit ein= treten, daß alle Silberscheidemünzen eingezogen und umgeprägt werden müßten.

VIII. Wir haben 60 Jahre lang bei einer einzigen Währung prosperirt. Warum ändern?

IX. Es ist unpractisch; es mag anderen Nationen behagen, aber es ist unmöglich es in einer Form zu präsentiren, welche für England annehmbar sein könnte.

Ich denke nicht, daß ich die Einwände unrichtig wiederge= geben habe, von denen die ersten sieben mir genügend triftig zu sein und äußerst sorgfältige Antworten zu verdienen und zu er= fordern scheinen. Die beiden letzten sind, glaube ich, nicht von so großer Bedeutung, sie sind aber von guten Nationalökonomen vorgebracht und sollten nicht übergangen werden.

Ich will jetzt darlegen, was ich gegen diese Einwände zu sagen habe:

I. Es ist unmöglich, durch Gesetz den Werth oder vielmehr den Preis einer Waare zu fixiren, und da die Edelmetalle Waaren sind, so kann kein Preis für selbige fixirt werden.

Es giebt keinen Zweifel über die Wahrheit des Satzes, daß es unmöglich ist, durch Gesetz den Geldwerth irgend einer Waare zu bestimmen, und wäre es möglich, so würde es ebenso un= politisch sein, zu verfügen, daß Silber für nicht weniger als 60 b. per Unze verkauft werden sollte, wie es sein würde, anzu= ordnen, daß Weizen niemals für weniger als 60 sh. per Quarter verkauft würde.

Aber nach der Hypothese soll Silber Theil des Landesgelds werden. Silber und Gold sollen zu einander in einem anderen Verhältniß stehen, als demjenigen, in welchem jedes von beiden zu Weizen steht. Unter unserem jetzigen monetären Gesetz steht Gold zu Silber in genau demselben Verhältniß, wie zu Weizen, es kann nicht anders sein, als daß eine gewisse Veränderung in jenen Verhältnissen einträte, wenn Silber gleichermaßen wie Gold, Werthmesser und Zahlmittel für Weizen wird — d. h., daß eine Schuld von £str. 3 17 sh. 10½ d., welche für Weizen contrahirt ist, entweder durch eine Unze Standard=Gold oder 15½ Unzen Standard=Silber getilgt werden kann. Die Worte „Preis und Werth" scheinen mir unrichtig angewendet, wenn man das gegenseitige Verhältniß der Metalle beschreibt, welche zusammen dasjenige bilden, was ich einen metallischen Werth=standard nenne, d. h. welche die untrennbaren Theile eines monetären Systems ausmachen. Geld kann kein Geld messen, wenn beide Metalle als Geld angenommen werden.

Die Frage von Preis kann zwischen ihnen nicht aufkommen, und folglich kann ihr Preis durch den Staat oder auf andere Weise nicht fixirt werden. Wenn ihre Werthe nach anderen Waaren gemessen, von Natur ungleich sind, so kann der Staat sie durch kein Gesetz und keine Erklärung gleichmachen, aber in=dem er ein Gesetz erläßt, welches 15½ Unzen Silber als gute Tilgung einer Schuld von 1 Unze Gold bestimmt (wir setzen voraus, daß dieses das wahre Verhältniß sei, welches zur Zeit, wo das Gesetz gemacht wird, existirt), vollzieht er einen Akt, welcher, wie ich gleich zeigen werde, künftige Ungleichheit zwischen den beiden Metallen unerheblich und ihren Dienst als Geld frei von irgend welcher Ungerechtigkeit, Unbequemlichkeit und Unregel=mäßigkeit macht.

Es ist wahr, daß, wir durch Adoptirung einer doppelten Währung und gesetzlicher Fixirung eines willkürlichen Ver=hältnisses des einen der constituirenden Theile jener Währung zum anderen, zufällig den Preis einer Waare reguliren; aber es ist nur zufällig, und nothwendiges Ergebniß aus der freien Prägung und aus dem, was ich, glaube ich, als ausführbare und vernünftige Gesetzgebung bewiesen habe. D. h. wir fixiren einen Preis in Silber für jenen Theil der Goldausbeute, welcher in den Gewerben gebraucht wird, und nicht für Münz= oder Währungszwecke, und einen Preis in Gold für jenen Theil der Silberausbeute, welcher in den Gewerben und nicht für die Cirkulation gebraucht wird; aber die so gebrauchten Quantitäten, sei es von Silber oder Gold, sind so geringfügig in Vergleich zu denjenigen, welche als Geld fungiren, daß die Wirkung einer solchen Preisfixirung ganz unbedeutend ist.

II. Das theurere Metall würde exportirt werden, und das billigere seine Stelle einnehmen, woraus ein Verlust für das Land erwüchse.

Die Billigkeit des einen Metalls in dem Markt und die daraus folgende Exportirung des anderen sind die beiden Cardinalpunkte, um welche die Frage sich dreht, und ich hoffe daß in irgend einer Antwort, welche hierauf erscheinen mag, zu

zeigen versucht werden wird, wie und wodurch der voraus=
gesetzte Unterschied des Marktwerthes zuwege gebracht werden
könnte, und wie und wodurch das theurere Metall verschwinden
sollte. Alles was bis jetzt behauptet ist, ist, daß ein Metall
theurer geworden ist und unter Umständen, welche von den an=
genommenen total verschieden waren, verschwunden ist. Die
Behauptung ist, daß zwischen dem Münzpreis und Marktpreis
von Silber ein Unterschied sein würde, aber das scheint mir un=
möglich. Ich wünsche zu wissen, wie der Marktpreis bestimmt,
werden könnte. Worin sollte derselbe gerechnet werden? In
Gold nicht, denn es ist unverständlich, daß ein Besitzer von
Silber seine 15⅛ Unzen Standard für weniger als Lstr. 3
17 sh. 10⅜ d. (oder Lstr. 3 17 sh. 9 d. Bankpreis) verkaufen
würde, wo er dieselben doch, Kraft des Gesetzes, auf der Münze
in Silbermünzen umgeprägt bekommen könnte, welche ein
legales Zahlmittel für eine Schuld von jenem Betrage wären.
In Waaren auch nicht, denn es ist unerfindlich, daß der Ver=
käufer von Waaren weniger in Gold nehmen würde, als in
Silber, wo er doch keine Veranlassung hätte zu erwarten, daß
sein Gold bei sich zu Hause oder im Auslande mehr werth sein
würde. Nur wenn er für das Gold mehr Silber oder Waaren
anderswo erlangen könnte, würde er Acht geben, in welchem
Metall sein Preis bezahlt würde.

Aber nach der Hypothese sollen andere Handelsnationen in
demselben Falle, wie England sein. Er kann daher nirgendswo
Silber für weniger Waaren haben als Gold.

Aber der Bergmann, könnte gesagt werden, wird, da die
Produktionskosten des Silbers verhältnißmäßig geringer als die
von Gold sind, im Stande und geneigt sein, es für einen niedrigeren
Preis zu verkaufen.

Warum sollte er aber das thun? Wenn er dasselbe mit
weniger Arbeits= und Materialkosten gewinnt, desto besser für
ihn. Er wird es aber deshalb nicht für weniger losschlagen,
als er auf der nächsten Münze, weniger Transport und Zinsen,
erhalten kann.

Der Käufer würde es dahin senden müssen, um den Münz=
preis zu erhalten. Warum sollte der Verkäufer nicht das Gleiche
thun? Wenn nicht, und wenn er für weniger verkauft, als sein
Käufer so erlangen könnte, so schenkt er ihm seinen Gewinn.
Bei Diskutirung dieser Frage ist einer der häufigsten Irrthümer
der, den Gewinn des Bergmanns mit dem vorausgesetzten
Vortheil des Schuldners zu verwechseln. Es heißt gewöhnlich, der
Schuldner wolle Herr der Situation sein, damit er den Creditor
übervortheilen und seine Schulden in dem billigeren Metall be=
zahlen könne. Wie soll er aber an dieses billigere Metall
kommen? Wie soll dasselbe billig für ihn sein? Waren Eng=
länder etwa im Stande, ihre Rechnungen leichter zu bezahlen,

weil Gold in Australien bloß die Mühe des Auflesens kostete? Die einzige Wirkung billiger Produktion ist, den Bergmann und seinen Leuten Gewinn zu bringen, und natürlich Preise zu erhöhen, wenn billige Produktion die producirte Quantität vergrößert; aber es werden Preise sein, welche nicht bloß in des Bergmann's Silber, sondern auch im Gold seines Nachbar's gerechnet werden. Die Productionskosten werden zweifellos den Werth von Gold und Silber, eines am andern oder in anderen Waaren gerechnet, wenn keines der beiden Metalle Geld ist, reguliren. Auch dann wird es so sein, wenn irgend eins der Metalle Geld ist, d. h. wenn das eine eine käufliche Waare und das andere Geld ist, also der Maßstab, nach welchem der Werth jener Waare gezahlt wird; aber ihre Wirkung wird nicht die gleiche sein, wenn beide Metalle unter einem internationalen Vertrage, Geld sind. Ihre Productionskosten werden alsdann ihren Werth nicht gegenseitig, sondern bloß nach anderen Waaren gemessen, bestimmen. Unter einen solchen Vertrag sind Gold und Silber wie Ein Metall — Glieder eines Körpers — Theile desselben Ganzen — verschmolzen, wie ein Electrum, zu Einer Masse, und wenn beide als der Messer anderer Waaren anerkannt sind, deren Werth, als Masse betrachtet, mit der Gesammtmasse jenes Werthmessers variirt, so bestimmen die Produktionskosten thatsächlich nicht den Werth der beiden Theile desselben. Ich sage thatsächlich, obgleich kein Gesetz und keine Vereinbarung das Verhältniß zwischen jenen beiden Theilen anders gestalten können, als wie Natur und Arbeit es gemacht haben mögen. Doch meine Ueberzeugung ist, daß das, was Gesetz und Vereinbarung thun können, nur darin besteht, die Schwankungen in jenem Verhältniß völlig unwichtig in dem Verhältniß der verschiedenen Metalle zu den Waaren, deren Werthmesser sie vereint bilden, zu machen.

Verringerte Productionskosten, welche in erhöhter Production des einen Theils der Masse des Metallgelds resultiren, können nicht, denke ich, den Werth gerade jenes Theils in Bezug auf die Waaren reduciren, sondern den Werth der Gesammtmasse.

Aber nehmen wir, der Argumentation wegen, an, Ein Metall oder das andere sei das theuere von beiden und es gehe deshalb aus dem Lande, und das entwerthete Metall bleibe zurück. Es wird allerseits zugegeben, daß solches der Fall bei Frankreich war, als es als bimetallistische Nation, umgeben von monometallistischen Nachbarn, allein stand und daß solches bei irgend einem so situirten einzigen Lande der Fall sein muß.

Es muß mit gleicher Einstimmigkeit zugegeben werden, daß, wenn alle commerciellen Nationen ohne Ausnahme nur Eines Sinnes in der Sache wären und Gold und Silber (in einem bestimmten Verhältniß) gleicherweise in Zahlung für Schulden nähmen, alsdann kein solcher Exodus des einen oder anderen

Metalles stattfinden könnte. Wohin sollte das theuere Metall gehen? Die Gegner werden sicherlich nicht sagen, daß es alle Länder gleichzeitig verlassen würde!

Aber meine Ansicht ist, daß eine Union zu diesem Zweck von zwei oder mehr der Hauptnationen genügen würde, um, was immer auch für Uebelstände für Frankreich entstanden sein mögen, so zu vermindern, daß es von sehr geringer Bedeutung wäre, und daß, wenn Eng= land sich an die Spitze stellte, nicht bloß ganz Europa folgen würde, sondern daß auch, selbst wenn alle Länder es nicht thäten, doch die Furcht vor einem solchen Export, oder eines Ex= ports von Wichtigkeit überhaupt, wenn beide Metalle von einer so großen Vereinigung gebraucht würden, blos chimärisch sein würde, und ich halte es für sicher, daß wenn ein solcher Vertrag erst einmal gemacht wäre, es in Wirklichkeit keine Abweichung mehr zwischen dem nominellen und wirklichen Werth der Edelmetalle, gegen einander gemessen, mehr geben könnte, und es könnte deshalb kein Schuldner irgend einen Vortheil über seinen Creditor mehr davontragen. Wenn die anderen Nationen, wie wahrscheinlich ist, ihrem Beispiele folgten, so würde die Sicherheit eine doppelte sein, aber gesetzt, einige Nationen folgten nicht, könnte dann das theurere Metall in irgend einem Quantum an sie herangezogen werden? Könnten wir unser Gold nach Mexiko schicken, z. B., und Silber von da holen? Gold ist für die Mexikaner ein Handelsartikel. Wir könnten Gold nach jenem Lande exportiren, und es würde wahrscheinlich eine schlechte Speculation sein; aber wenn wir es thäten, weshalb sollten die Mexikaner uns 16 oder 17 Unzen Silber für unsere Unze Gold zahlen, wenn sie selbst 15½ Unzen Silber nach England schicken, und, wenn nicht eine Unze Gold, doch soviel Waaren damit kaufen könnten, als eine Unze Gold beherrscht?

Es muß indessen zugegeben werden, daß Mexiko, China und irgend ein anderes Land, außerhalb der Vereinigung, in genau derselben Beziehung zu dem größeren Theil von Europa, den Ver. Staaten und allen anderen Nationen innerhalb der Ver= einigung stehen wird, als die gesammte commerzielle Welt zu Frankreich stand, als dieses Land in seinem Bimetallismus allein dastand.

Es ist kaum nöthig, darauf hinzuweisen, wie groß der Unterschied zwischen der Einwirkung der ganzen commerciellen Welt auf Frankreich und der Einwirkung weniger Nationen auf eine große Zahl von Nationen sein würde. Die Anziehungskraft der Nationen außerhalb der Vereinigung würde unendlich geringer sein und die etwaige Abnahme der Masse des „theureren" Metalls in Händen der Nationen innerhalb der Vereinigung würde unbemerkbar sein.

Ich will China als Beispiel aufgreifen. Wenn China mehr Silber absorbiren könnte, als es jetzt thut, mehr, als die jährliche Produktion zuführte, so ist möglich, wenn auch höchst unwahrscheinlich, daß das Silber die bimetallistischen Nationen verließe oder auf ein Agio stiege.

Oder wenn China wirklich dazu überging, die Fremden nachzuahmen und eine Goldwährung zu adoptiren, so könnte es ohne Zweifel sein Silber nach Europa remittiren und sich dort Credite eröffnen. Alsdann würde es, da ja der Schuldner die Wahl der Metalle hat, unvermeidlich ein Agio auf das Gold, welches man ihm schickte, zu zahlen haben, und es würde absichtlich einem Verlust sich unterwerfen, ohne irgend einen ausgleichenden Gewinn, und wenn Europa auf diese Weise auf dem „billigeren" Metall sitzen bliebe, so würde es mehr davon haben, als früher, und nichts verloren haben.

Aber in welcher Hinsicht würde Europa unter einem bimetallistischen System schlimmer daran sein, als jetzt, wenn es China belieben sollte, das Silber zu demonetisiren?

Das Gespenst ist nicht von mir erfunden, sondern von meinen Gegnern.

China würde seinen freiwilligen Verlust auf andere Weise erleiden. Es würde ein Blatt aus der Deutschen Geschichte nehmen, sein Silber mit Verlust verkaufen, und nachdem es sich so creditfähig gemacht, das Gold verlangen, welches es im anderen Falle hätte kaufen müssen.

III. Uebereinstimmung unter den Nationen ist unmöglich.

Es ist leichter, die Unmöglichkeit einer Vereinbarung zu behaupten, als zu beweisen.

Eine Münzeinigung zwischen den verschiedenen Staaten Deutschlands würde vor einigen Jahren unmöglich geschienen haben, und doch hat sie stattgefunden. Es gab keinen Antecedenzgrund, weshalb es möglich gewesen sein sollte, die lateinische Union zu schaffen, aber sie existirt und ist ein wichtiger Factor in der jetzigen Sachlage gewesen. Ich glaube, daß das einzige Hinderniß einer internationalen Vereinbarung in der Haltung von England liegt und in den hier vorherrschenden Meinungen; wenn aber gezeigt werden kann, daß kein wirklicher Nachtheil für England in seinem inneren Verkehr und viel Vortheil in seinen auswärtigen Beziehungen mit der Adoptirung einer Doppelwährung verbunden wären, so würde jenes Hinderniß ohne Zweifel verschwinden.

Wir wissen schon, daß Frankreich und die Vereinigten Staaten Willens sind, vorausgesetzt nur, daß andere ebenfalls Willens sind, daß Deutschland eine Conferenz über den Gegenstand wollte, und, sagt man, bereits Delegirte ernannt hat. Oesterreich würde sicherlich nicht widerstreben, und Italien würde, wie andere Nationen, den Beweggrund verlieren, welcher es und sie nöthigt, auf eine einzige Goldwährung zurückzugreifen, und die Gefahren, welche nach meiner Ansicht den Handel von England bedrohen, und welche in der gewachsenen und wachsenden Vertheuerung des Goldes liegen, würden abgewendet werden. Thatsächlich liegt die Entscheidung bei uns, und wenn wir geneigt wären, so würde jene Uebereinstimmung, welche, wie man sagt, unmöglich sei, sofort da sein.

Aber, sagt man, gesetzt auch, Alle wären einig, zu einer Vereinigung im Prinzip zu kommen, so ist keine Wahrscheinlichkeit da, daß sie im Stande sein werden, ein Verhältniß zwischen den beiden Metallen zu bestimmen, welches allen contrahirenden Mächten behagte und gleichzeitig gerecht gegen die Schuldner- und Gläubigerklassen wäre.

Theoretisch, allerdings, war das Werth-Verhältniß eine der großen Schwierigkeiten zu einer Verständigung, aber nicht in Praxis. Prima facie würde der richtige Weg sein, annähernd das existirende Verhältniß zwischen den beiden Metallen zu ermitteln und zu vereinbaren, dasselbe als dasjenige Verhältniß zu firiren, in welchem die Münzstätten das zu ihnen gebrachte Gold und Silber prägen sollen. Wie soll aber das existirende Verhältniß ermittelt werden? Der Marktpreis wird es nicht zeigen, denn die jetzige Stellung des Silbers im Markt ist fast gänzlich das Resultat seiner Demonetisirung, und an demselben Tage, wo Deutschland zu einer Silberwährung zurückkehrte, würde auch das Silber anfangen, auf sein früheres Niveau zu steigen, sogar ohne irgend welche Inbetrachtnahme einer Doppelwährung, und ich glaube, daß, wenn Silber so ausgedehnt gebraucht würde, wie früher, man finden würde, daß es sehr wenig Unterschied zwischen dem wahren Verhältniß und dem Verhältniß von 15½ giebt, welches, nothgedrungen, immer ein willkürliches und mehr oder weniger das Resultat eines Compromisses war.

Ich will sogleich erörtern, was die Wirkung sein würde, wenn jenes Verhältniß angenommen würde, obgleich es wirklich viel höher als das existirende Verhältniß wäre, und was die Wirkung wäre, wenn man es auf 17 oder 18 oder auf irgend ein anderes Verhältniß, verschieden von 15½, firirte. Dieses letztere ist das constante Verhältniß für eine viel längere Periode, als irgend ein anderes gewesen. Fünffrankstücke, welche in diesem Verhältniß zu den Goldmünzen stehen, sind noch legales Zahlmittel in Frankreich. Thaler, welche in demselben Verhältniß zu den Goldmünzen stehen, sind in Deutschland noch zu ihrem vollen Nominalwerth in Cours. In diesen beiden Ländern würde daher die Firirung des Verhältnisses auf 17 oder 18 dem Schuldner einen Schaden zufügen, gerade so wie in England die Firirung zu einem höheren Preis, als seinem existirenden Marktwerth, dem Creditor, welcher eine Schuld in Silber an den Ausländer zu zahlen hätte, einigen Nachtheil zufügen würde. Da aber die jetzige Billigkeit

des Silbers, welches der Creditor in solchem Falle zu kaufen
hätte, aus keiner Regierungsmaßregel seines eigenen Landes ent=
springt, und da die erneuerte Theuerung des Metalls ebenfalls ohne
die Nothwendigkeit irgend einer Regierungsmaßregel dieses Landes
entstehen würde (denn sie würde durch die Schritte des Ausländers
zurückkehren, wenn nämlich Silber dort remonetisirt und freie
Prägung wiederhergestellt würde, ob wir nun unseren einfachen
Standard behielten, oder den doppelten annähmen), so würde er
wenig Anlaß haben, sich zu beschweren; und in der That, die
Verschlimmerung seiner Lage durch Adoptirung eines zu hohen
Verhältnisses unter der Doppelwährung würde keine so große
Ungerechtigkeit sein, als die Verschlimmerung der Lage
des Schuldners, indem man das gesetzliche Geld seines
Landes durch Annahme eines zu niedrigen Verhält=
nisses entwerthete. —

Es ist vollständig richtig, daß Werthsteigerung von Silber,
was immer sie auch sei, eine entsprechende Entwerthung des Goldes
in sich schließen würde, und man hat gefragt, ob, insofern als
England der größte Besitzer von Gold ist, es nicht England sein
würde, welches mehr als irgend ein ander Land durch dessen
Entwerthung geschädigt werden würde, und ob es deshalb nicht
unbillig sei, zu erwarten, daß England zur Einführung einer
Doppelwährung mit einem solchen festen Verhältniß zwischen
Gold und Silber beitragen würde, als dessen Entwerthung be=
dingte.

Voraussetzend zunächst, daß nicht die Besitzer von Gold allein
es sind, welche von dessen Entwerthung in Mitleidenschaft ge=
zogen werden würden, lautet die Antwort, daß Wertherhöhung
und Werthverminderung von Gold und Silber nicht von unserem
Mitthun abhängen. Die Wirkung würde hervorgerufen
werden, entweder durch Rückkehr Deutschlands zur
alleinigen Silberwährung, von der es in 1872 abging,
oder durch eine Vereinbarung zwischen Frankreich und
den Ver. Staaten, mit oder ohne Europäische Staaten,
zur Doppelwährung, mit einem festen Verhältnisse
von 15½ : 1 zurückzukehren. —

Aber es kann wieder gefragt werden, wenn es sicher ist,
daß, im Falle keine allgemeine Vereinbarung aus der Conferenz
hervorgehe, eine der obenerwähnten Alternativen eintrete, warum
sollte England interveniren, und warum sollte es nicht lieber
eine abwartende Haltung beobachten und sich vorbereiten, aus
dem schließlichen Resultat der Berathungen, was es auch sei,
Nutzen zu ziehen?

Wenn es sicher wäre, und wenn die Zurückhaltung Eng=
lands nicht eine gewisse Unstetigkeit in den Entschlüssen anderer
Nationen bedingte, so könnte ich nichts Besseres wünschen; aber
es ist weit davon, sicher zu sein, und gerade die Kenntniß, daß

4

hier zu Lande eine starke und weitverbreitete Meinung gegen Bi=
metallismus existirt, wird beitragen, es sogar weniger wahrschein=
lich zu machen, als sonst der Fall wäre.

Wenn aber das Resultat ist, daß weder das Silber in
Deutschland, noch die Doppelwährung in Frankreich und den
Ver. Staaten wieder eingeführt werden, so ist das sicher,
daß das Gold unvermeidlich von denjenigen adoptirt
werden wird, welche jetzt noch in Zweifel sind, mit der
Wirkung auf die Preise, welche ich vorher besprochen habe.

Es verlohnt sich nun, zu untersuchen, welche practische
Wirkung zum Bösen die vermuthete Goldentwerthung haben würde.
Hier ist das Ganze davon. Gesetzt das für Geldzwecke gebrauchte
Gold betrage 500 Millionen Pfund Sterling und das für gleichen
Zweck gebrauchte Silber ebenfalls 500 Millionen Sterling (die
Verhältnisse sind nicht genau, aber nahe genug, wahrscheinlich, zur
Illustrirung) dann, wenn der jetzige Silberpreis 52 d per Unze
beträgt, (ein Verhältniß von ungefähr 18 zu 1) so entsprechen
diese Lstr. 500,000,000 einem Gewichte von 192,307,690 Pfund
Troy. Erkläre man nun, das Verhältniß solle 15½ : 1 sein,
so wird jedes jener troy Pfunde das Aequivalent von ungefähr
Lstr. 3 Sterling und aus dem Werthe von Lstr. 500,000,000
werden Lstr. 576,923,000 — gleich einem scheinbaren Gewinn
für die Besitzer von Silber von etwa 15 pCt. Da aber die
ganze Circulation von Lstr. 1,000,000,000 durch den Zuwachs von
Lstr. 76,923,000 angeschwollen wäre, und folglich in Höhe von
circa 7 pCt. entwerthet worden wäre, so würde die Entwerthung
die Gold= und Silberbesitzer gleichmäßig durch das (entsprechende)
Steigen der Waarenpreise treffen, für welchen Verlust die Silber=
besitzer allerdings mehr als entschädigt worden wären. Der
Verlust würde aber kein großer sein, selbst wenn dieses die
wahre Sachlage wäre; windeß enn die Maßregel für unser Land
wirklich vortheilhaft ist, selbst als das kleinste von zwei Uebeln,
so mag es auch wünschenswerth sein, etwas Genauigkeit zum
Opfer zu bringen und einen kleinen Verlust zu erleiden, um des
Vortheils willen, sie durch gemeinsame Vereinbarung zuwege zu
bringen. Ich habe gezeigt, daß der Schaden, der angerichtet
werden könnte, sehr geringfügig sein würde, selbst wenn der
wirkliche Unterschied der zwischen 15½ und 18 wäre; da aber der
Unterschied nur der zwischen 15½ und dem wahren Verhältniß
unter Remonetisirung des Silbers, sein würde, so ist das voraus=
gesetzte Bedenken keiner Beachtung werth.

Ich habe nicht gewünscht, die Gefahr, welche auf
die Goldvertheuerung folgen mögen, zu übertreiben,
aber ich glaube, es verdient sorgfältige Prüfung, ob
sie nicht wesentlicher (materieller) sein würden als irgend
welche, die durch eine geringe Erhöhung in der Kauf=
kraft des Silbers verursacht werden könnten.

Weiter, wenn die Haupthandelsnationen über das Prinzip der Doppelwährung und über das Verhältniß zwischen beiden Metallen einig geworden wären, kann eingewandt werden, welche Wahrscheinlichkeit würde für die Aufrechterhaltung einer solchen Einigung vorhanden sein? Verträge werden alle Tage gebrochen, und so, kann gedacht werden, würde auch dieser, wenn auch nicht durch Umkehr einer oder mehr Nationen zu der einen oder anderen einfachen Währung, so doch wenigstens durch eine mögliche Aenderung in dem Verhältniß.

Andere Verträge mögen gebrochen werden, weil durch Bruch derselben eine Nation sich politischen und pekuniären Vortheil zu verschaffen sucht; aber was die Doppelwährung, einmal eingeführt, anbelangt, so glaube ich, daß eine Verletzung dieses Vertrages so weit verbreitete und so tief gewurzelte heimische Interessen treffen würde, daß nicht leicht eine Aenderung gemacht werden würde.

In einem besonderen Punkt allerdings muß zugegeben werden, daß es keine Garantie für Aufrechterhaltung des Vertrages geben würde. Was immer das Uebereinkommen sei, wie bindend auch die Paragraphen, nichts kann eine Nation die dazu gehört hindern, kurzen Prozeß mit ihrer Metallwährung zu machen, unter Kriegsnoth oder aus anderen Gründen, durch Ausgabe einer uneinlösbaren Papierwährung. In diesem Falle würde das Metallgeld in die Währung anderer Nationen strömen.

Aber was geschieht denn jetzt, wenn eine Nation, die eine Goldwährung hat, uneinlösbares Papiergeld ausgiebt? Das Gold fließt nach den Gold gebrauchenden Ländern über und afficirt ihre Preise schärfer, als der Fall sein würde, wenn Gold und Silber ein bimetallistisches Land, das so handelte, verließen, und sich über die ganze commercielle Welt verbreiteten. In jedem Falle würde das papierausgebende Land gänzlich ohne Einfluß auf den Rest bleiben, wenn einmal sein Metallgeld es verlassen hätte. Es würde außerhalb des Rings stehen und in keiner Weise den Zusammenhang der anderen stören.

Aber Jemand mag sagen: Wenn, nachdem das Verhältniß einmal ermittelt und fixirt ist, der relative Marktpreis von Silber und Gold sich enorm verändert, dann muß es doch nicht bloß zweckmäßig, sondern auch nothwendig sein, das Verhältniß zu ändern. Gesetzt, Silber würde so selten als Gold — gesetzt es würde 50 mal gewöhnlicher als Gold — ist es denkbar, daß sein Verhältniß von 15½:1 aufrecht erhalten werden könnte? Ich habe schon gezeigt, glaube ich, daß, wenn beide Geld sind, es keinen Marktpreis, in Unterschied des Münzpreises von irgend einem der beiden Metalle, geben könne — von Silber oder Gold — ihr Preis würde nothwendig in Waaren gemessen werden, nicht gegenseitig. Gold und Silber würden wie Ein Metall sein, und die einzige Wirkung einer solchen

4*

Aenderung würde die sein, daß, wenn die angenommene Selten=
heit des Silbers eine Verminderung der Gesammtgeldmasse
in der Welt nach sich gezogen hätte, die Preise anderer Waaren
sinken, oder, wenn seine angenommene Mehrproduktion eine
Vergrößerung jener Gesammtmasse hervorgerufen hätte, die
Preise anderer Waaren steigen würden; aber eine solche
Verminderung oder Vermehrung müssen, der Natur
der Sache nach, graduirlich sein, und entsprechend der
allmäligen Verminderung oder Zunahme der Pro=
duktion; und diesen würden die täglichen Handels=
geschäfte sich ohne plötzliche und heftige Erschütterung
anpassen. —

Zweitens würden die Gefahr und Ungerechtigkeit einer
Aenderung an und für sich groß sein.

Welches Verhältniß wir jetzt auch fixiren, so wird doch den
allgemeinen Interessen Englands kein praktischer Schaden zu=
gefügt. Wenn wir es etwas zu hoch oder zu niedrig fixiren, so
würde das Interesse einer Schaar von Silberbesitzern afficirt
werden. Das, was sie jetzt als Waare besitzen, würde in ge=
ringem Maaße im Preis erhöht oder erniedrigt werden, und
damit würde es ein Ende haben.

Aber wenn eine Doppelwährung einmal eingeführt ist, so
wird Silber Geld des Reiches, und eine Aenderung würde das
Interesse jedes Käufers und jedes Verkäufers berühren, denn das
Verhältniß des Geldes zu allen käuflichen Waaren würde heftig
alterirt werden. Wenn wir z. B. voraussetzen könnten, daß das
wahre Verhältniß des Silbers zum Golde auf 20 : 1 statt 15½ : 1,
gekommen wäre, und es sollte becretirt werden, daß das ge=
setzliche Verhältniß entsprechend geändert werden sollte, alsdann
würde die Gesammtmasse von Silbermünze und Bullion, die im
Lande ist, um ein Viertel im Werthe reducirt und der Besitzer
in dieser Höhe geschädigt werden. —

Es bedarf bloß einer Erwähnung der Unzuträglichkeit,
welche die bloße Erwartung einer nahen Aenderung hervorrufen
würde, wenn eine solche Aenderung als möglich angenommen
würde, um zu zeigen, daß, wenn England einmal sich zu einer
solchen Aenderung, als die Adoptirung von Silber als ver=
bundener Standard mit Gold entschließen sollte, es dieselbe
sicherlich ein für alle Mal adoptiren müsse, und mit keinem
arrière pensées künftigen Wechsels hin und her, je nachdem das
eine oder andere Metall reichlicher vorhanden zu sein scheinen
möchte. —

IV. Der vierte Einwand beruht auf der Ansicht, daß „es
stets eine Vorliebe für Gold geben werde." —

Auf diese Frage ist die kurze aber entscheidende Antwort,
daß die halbe Welt eine Vorliebe für Silber hat.

Die unterstellten Gründe für die Behauptung, nämlich, Transportkosten, Arbeit des Zählens, können ebenfalls leicht abgefertigt werden. Thatsächlich ist es nicht billiger, Gold zu transportiren, als Silber, denn Fracht und Versicherung werden für beide ad valorem berechnet. Das Volumen, von Gold sowohl wie von Silber, ist so gering, daß es bei Berechnung der Fracht nicht ins Gewicht fällt, und wenn es überhaupt einen Unterschied zwischen beiden gäbe, so würde Silber den Vorzug verdienen, insofern als Gold, von wegen seines geringeren Volumens, Werth für Werth, mehr der Gefahr des Geraubtwerdens ausgesetzt ist.

Was das anbelangt, daß Gold vorgezogen werde, weil es leicht zu zählen sei, so führt dieser Punkt zur Untersuchung der praktischen und materiellen Folgen, welche sich an die Adoptirung der Doppelwährung Seitens aller Nationen knüpfen würden, ohne Rücksicht auf irgend eine vorausgesetzte Wirkung auf Preise, auf welchen letzteren Punkt ich bei Einwand V zurück kommen werde.

Würden die Währungen bleiben, wie sie sind, Gold in England, Silber in Indien, 2c.? Ich antworte,, gewiß würden sie das. Es würde ganz sicher keine revolutionäre Aenderung herbeigeführt werden, wenn man Silber in dem einen und Gold in dem anderen Lande als unbeschränktes legales Zahlmittel zuließe. Jeder würde berechtigt sein, nach Einführung des Gesetzes, irgend eine Schuld in Standard Gold oder Silbermünzen, nach seinem Belieben, zu zahlen; aber ich sehe gar keinen Grund, anzunehmen, daß die letzteren leichter für ihn bereit stehen oder zu haben sein würden, als die ersteren, oder überhaupt so leicht,. Niemand braucht zu fürchten, daß er Gefahr laufe, einen Sack von 5000 Gulden für eine Schuld von 1000 Pfd. Sterl. zu erhalten, oder einen Portier miethen zu müssen, um einen Sack Silber zu tragen, wenn er seinen Schneider bezahlen will. Ich glaube, daß alle großen Zahlungen, von Hand zu Hand, wie jetzt mittelst cheque geschehen würden: alle kleineren von über 5 Pfd. Sterl. durch Noten und alle geringeren durch Souvereigns und die Silberscheidemünzen, welche Theile eines Souvereigns repräsentiren. Zahlungen hier zu Lande in Silber Standard Münzen würden die Ausnahmen bilden. Silber ist sogar jetzt ein legales Zahlmittel bis zu 40 Schillingen. Aber bezahlt jemals Jemand eine Schuld von 40 Sh. in Silber? Ich kann mir keinen Grund denken, weshalb der Engländer die Vorliebe, welche er wirklich für eine Goldwährung hat, aufgeben sollte, noch der Indier seine Vorliebe für eine Silberwährung. Diejenigen, welche für ihre täglichen Ausgaben Gold gebrauchen, würden Gold weiter gebrauchen und die, welche Silber gebrauchen, würden Silber weiter gebrauchen.

Wenn ich nun annehme, daß das Gesetz vorschreiben
würde, daß Schulden und andere Zahlungsverpflichtungen unter
Contracten, die vor in Kraft treten des Gesetzes geschlossen
wären, in Gold verlangt werden könnten; so würde es in Wirk=
lichkeit keinen Grund geben, weshalb der Schuldner, unter
solchen Contracten, in der Regel vorziehen sollte, lieber in Sil=
ber als in Gold zu zahlen, oder weshalb der Creditor vorziehen
sollte, lieber Gold als Silber zu empfangen, besonders bei
kleinen Summen, statt dieselben, wie üblich, per cheque oder
Banknote zu zahlen.

Gesetzt nun, ein bimetallistisches Gesetz werde erlassen, um
am 1. Januar irgend eines Jahres in Kraft zu treten, sobald
als die Münze für die Aenderung vorbereitet sei. Was dann
geschehen würde, ist dieses: Eine Silbersendung würde im Laufe
der Zeit aus Veracruz oder einem anderen Verschiffungshafen
eintreffen. Dieselbe würde, wie jetzt, nach Indien, weiter ver=
schifft werden oder nach irgend einem Lande, wo es gerade
Nachfrage gäbe, gerade so wie eine Goldsendung, wenn der
Wechselcours gegen uns ist, oder wenn Gold für einen bestimmten
Zweck zu exportiren ist. Wenn aber keine Nachfrage da wäre,
sei es, um den Wechselcours zu reguliren oder um (z. B.) ein
in Papier zahlendes Land mit Metall zu versorgen, so würde
das Silber nach der Bank von England gebracht werden, und
die Directoren würden, Kraft des neuen Gesetzes, Noten dagegen
ausgeben. Diese Noten würden in die Reserven der Bank
kommen, und ihr Sterlingbetrag würde dem Bringer creditirt
werden, entweder direct oder auf Conto seines Banquiers. Da
aber das Gesetz der Doppelwährung keine Vergrößerung in den
Quantitäten der beiden Metalle hervorrufen könnte, so könnte
auch keine dauernde Vermehrung der Reserven eintreten, noch
auch kann ich einen Grund erkennen, weshalb Silber lieber nach
diesem Lande fließen sollte, als Gold. Gewiß, Gold allein
würde nicht zur Bank kommen, aber ich kann nicht einsehen,
weshalb Eigensinn oder Interesse Leute dazu führen sollte, vor=
zugsweise Silber dahin zu senden. Das Schuldnerland, dessen
gewöhnliches Geld Silber ist, wird seine Schulden in Silber
bezahlen, und das Schuldnerland, dessen gewöhnliches Geld Gold
ist, wird Gold schicken. England ist der monetäre Mittelpunkt
der Welt, nicht, weil es Gold gebraucht und nicht Silber, son=
dern weil es der Mittelpunkt von Capital und Handel ist.
Alles Gold und alles Silber der Welt kommt jetzt hierher, aus=
genommen dasjenige, welches für eigenen Gebrauch in dem Pro=
ductionslande zurückbehalten wird. Was könnte denn mehr
passiren, wenn beides, Gold und Silber, von uns als Geld
acceptirt würden? Einige denken, alles Silber würde nach der
Bank kommen, entweder anstatt allen Goldes oder neben allem
Gold, und daß in letzterem Falle unsere Notenausgabe auf

einen bis jetzt nicht gekannten Punkt steigen würde. Ich sehe
aber keinen Grund zu der Annahme, daß wir auch nur eine
Note mehr ausgeben würden als jetzt. Dieselben Handels=
bilancen würden kommen, und während jetzt eine Goldsendung
nach der andern durch England läuft, ohne in die Bankreserve
zu fließen (wenn der Wechselcours verlangt, daß die Sendung
in's Ausland gehe) so würde es mit Silber auch der Fall sein.

Aber, sagt man, da England ein Creditorland ist, so würde
es stets in dem billigeren Metalle bezahlt werden. Dieses heißt,
daß es Billigkeit oder Theuerung zwischen den beiden
Theilen eines angenommenen Werthstandards geben könne
oder würde. Da Gold und Silber vereint der Maßstab für
Billigkeit und Theuerung anderer Waaren sind, so könnten sie nicht
dieselbe Beziehung zu einander haben, wie jedes von ihnen zu
irgend einer anderen Waare hat, die nicht so innig damit ver=
knüpft ist.

Das Resultat würde, denke ich, wirklich so sein, daß die
Bank stets Gold und Silberbullion hälten würde, wie es schon
jetzt in beschränkter Ausdehnung, unter dem Gesetz von 1844, in
ihrer Macht liegt, und daß die Beträge der beiden Metalle in
ihrem Verwahrsam stets variiren würden, nicht auf Grund irgend
einer eingebildeten Billigkeit oder Theure irgend eines der Me=
talle, sondern entsprechend des variirenden Standes der Handels=
bilanz der mit England in Verkehr stehenden Silber oder Gold
gebrauchenden Länder. Das von der Bank aufgenommene
Silber würde größtentheils in ihren Gewölben verbleiben, aber
ein Theil würde nach der Münze geschickt werden, um zu Stan=
dard=Geld geprägt zu werden, nenne man es nun Doppelgulden
oder Dollars, oder was man will, wofern es nöthig werden
sollte, irgend einen Posten von der neuen Münze an das Pu=
blikum auszuzahlen; aber, wie schon gesagt, kein großes Quantum
davon würde wahrscheinlich in die Circulation übergehen.

Der einzige Unterschied, welcher aus Einführung
eines bimetallistischen Gesetzes hervorgehen würde,
würde in internationalen Zahlungen stattfinden, in
Bullionverschiffungen zum Ausgleich von Handelsbilanzen zwischen
uns und anderen Ländern. Die Bank von England würde, wie
bereits gesagt, sowohl Gold als Silber halten, und solche Ver=
schiffungen würden in dem einen oder anderen Metalle geschehen,
nach Wahl des Zahlenden, wenn aber in gemünztem Metall,
würden sie, gerade so wie jetzt, nach Gewicht erfolgen und nicht
nach Abzählen, so daß die Arbeit des Zählens gar nicht in Be=
tracht kommt.

Einige Nationen werden, wie jetzt der Fall ist, für ihren
täglichen Gebrauch eine Vorliebe für Gold haben, aber daß sie
deshalb dessen Anwendung bei ihren internationalen Geschäften

wünschen sollten, ist eine Chimäre. Kein Kaufmann wird, wie gesagt worden ist, stipuliren, daß die Wechsel, welche er auf ein bimetallistisches Land kaufen oder traffiren mag, in Gold zahlbar sein sollen. Warum sollte er das thun? Werden Wechsel auf England jetzt durch Uebergabe von Metall von Hand zu Hand bezahlt? Setzt man wirklich voraus, daß die Wirkung der Einführung der Doppelwährung hier zu Lande die sein würde, daß ein Wechsel von Lstr. 1000 bezahlt werden würde, indem man dem Inhaber 1000 sovereigns oder 5 Säcke von je 1000 Dollars einhändigt? Wenn es auch wirklich einen erkennbaren Unterschied zwischen dem Werthe der beiden Metalle gäbe, und wenn es folglich wirklich von Wichtigkeit wäre, welches Metall der Wechselinhaber empfinge, gibt es einen Fall, daß je ein Wechsel auf das bimetallistische Paris gezogen worden ist, mit einer solchen Stipulation auf demselben? Zweifellos keinen.

V. Wenn eine Doppelwährung einmal eingeführt ist, so würde irgend ein großer Zufluß von Silber aus den Bergwerken die Preise gefährlich stören.

Es ist außer Frage, daß, wenn England sowohl einen Silber-, wie einen Goldstandard hätte, der Betrieb neuer Silberminen und die Produktion einer größeren Quantität jenes Metalls die Preise erhöhen würde, und wenn das Quantum sehr groß und dessen Produktion sehr plötzlich wäre, so könnten die Folgen sehr ernstlich gefühlt werden.

Aber wie, wenn England bei seiner Goldwährung beharrt, und die Zuwachsproduktionbestände aus Gold, anstatt aus Silber?

Was einmal geschehen ist, (1851 und später) kann wieder eintreten, und es giebt keinen möglichen Grund zu sagen, Silber w i r d gefunden werden und Gold n i c h t! Wenn aber wiederum Gold in außerordentlichen Mengen gefunden wird, und die Doppelwährung wird nicht adoptirt, dann würde sich die Fluth über die halbe Welt ergießen — die Gold gebrauchende Hälfte — und die unmittelbare Wirkung, welche der Gegner mit Recht fürchtet, würde zweimal so groß sein, als wenn sich die Fluth über die ganze Welt verbreitete, und die ganze Währungsmasse gleichmäßig berührte, und dieses letztere würde sicherlich geschehen, wenn Gold und Silber in einer bimetallistischen Union eine vereinigte Masse bildeten. Was ist der Fall in diesem Augenblicke? Eine Silberfluth wurde vor noch nicht langer Zeit über uns losgelassen, und zwar eine doppelte, aus der vermehrten Ausbeute der Bergwerke und der Demonetisirung des Silbers durch Deutschland. Silber ist nothwendig entwerthet, und Preise in allen Silber gebrauchenden Ländern in die Höhe gegangen, und nicht allein ist die Wirkung zweimal so groß gewesen, weil sie sich nur auf die halbe commercielle Welt ausdehnt, sondern

weil sie auch auf die Gold gebrauchenden Länder zurück=
wirkt.

Ich ziehe deshalb den Schluß, daß dieser fünfte Einwand
für die Frage der Doppelwährung ganz unerheblich ist; die be=
besondere Gefahr, auf welcher derselbe hinweist, und die daraus
folgende Störung der Beziehungen von Gläubiger und Schuldner
sind unter dem jetzigen Gesetz zum Wenigsten ebenso groß, als
sie unter einem bimetallistischen Währungssystem sein könnten.

VI. Aber angenommen, das bimetallistische System werde
auf Grundlage eines Verhältnisses von 15½ etablirt, während
das wirkliche Verhältniß vielleicht 18 ist, so wird dieser Unter=
schied eine solche Anregung zum Betrieb von Silberbergwerken
geben, daß die gefürchtete Silberfluth wirklich über uns kommen
würde, und selbst, wenn nicht, würde es doch eine Vermehrung der
Silberumlaufsmittel an sich, in Höhe von ungefähr 15 pCt., und
folglich eine Entwerthung der ganzen Währungsmasse um circa
7 pCt. bedeuten. —

Auf den letzteren Theil des Einwands erwidere ich, daß ich
glaube, schon gezeigt zu haben, daß die übele Wirkung, selbst nach
solcher Berechnung, mehr nominell als reell sein würde, und daß
es unrichtig und irreführend ist, 18 oder irgend ein solches Ver=
hältniß als Basis für die Calculation zu nehmen. Was den
ersteren Theil des Einwands betrifft, so sage ich, daß, wenn es
wirklich irgend welche Bergwerke gibt, welche aufgegeben sind,
weil Silber von 5 sh. per Unze auf 4—3 d. oder da
herum gefallen ist, dann könnte eine Rückkehr auf 5 sh.
sie wiederum in Betrieb bringen und so die Production
vergrößern; aber ich glaube es gibt keinen Beweis für eine solche
Betriebseinstellung, weil ein viel geringerer Preis als 4—3 d.
genügt, um den Betrieb aller Bergwerke, mit Ausnahme vielleicht
einer sehr unbedeutenden Anzahl betriebsfähiger Werke, lohnend
zu machen.

VII. Es würde nöthig sein, alle unsere Silberscheidemünze
umzuprägen.

Dieser Einwand muß aus der Annahme entspringen, daß
standard Gulden, Schillinge und sixpence geprägt werden würden,
welche von der Scheidemünze nicht unterscheidbar wären. Aber
es würde in der That kein Silberstandardgeld geprägt werden
außer Doppelgulden (Dollars) und es existirt nicht mehr Grund,
weshalb dieselben nicht gleichzeitig mit den Silberscheidemünzen
circuliren sollten, als vorhanden ist, weshalb die existirenden
französischen Silberscheidemünzen in Frankreich nicht neben den
Fünffrankstücken circuliren sollten. Sie würde dieselbe Art Be=
ziehung zu der untergeordneten Münze haben, als sich aus fol=
gender Tabelle für die Fünffrankstücke zu der französischen Scheide=
münze ergibt.

5=Frankstücke 900 Mille (⁹/₁₀ p. m.)   5
2   „   „   835   „)
1   „   „   „   „ } Scheidemünze   1,85½
½   „   „   „   „)   —,92½
¼   „   „   „   „   —,46

Ein Schilling würde immer noch für den 20. Theil eines Pfunds gelten, ob dieses Pfund nun aus 113,0016 Gran reinem Gold oder aus 1751,5274 Gran reinem Silber bestände. Wenn wirklich Silber noch weiter demonetisirt werden sollte, so wird es allerdings möglicherweise für die Gold gebrauchenden Länder nöthig werden, ihre Silberscheidemünzen einzuziehen und umzuprägen, weil der Nominalwerth des Schillings 2c. den wirklichen soweit übersteigen würde, daß die Versuchung für den Falschmünzer unwiderstehlich würde, falsche Münzen zu fabriziren. Die Rehabilitirung des Silbers, durch Adoptirung der Doppelwährung oder sonstwie, würde solche Falschmünzerei unmöglich machen.

VIII. Unsere 60 Jahre Prosperität!

Dieses ist der alte Irrthum von non causa pro causa. Der Einwanderheber unterbreitet sich und uns die mannigfaltigen Thatsachen einer Prosperität, welche sich auf hundert verschiedene Weisen seit 1819 entwickelt hat und geht per saltum zu der Schlußfolgerung über, daß jene Prosperität durch die Adoptirung eines einzigen Metalls als Währungsstandard verursacht sei oder daß letztere eine der Ursachen sei, aber er versucht keine Erklärung, auf welche Weise eine so kleine Ursache eine so große Wirkung gehabt habe, eine Wirkung, welche, insofern sie überhaupt von dem Geldcharakter des Reiches abhängt, viel gerechterermaßen der Aufrechterhaltung einer unverfälschten Prägung von gewissem Gewicht und gewisser Feinheit beigemessen werden muß, wie wir solche, nach meiner Behauptung, erhalten hätten, ganz gleichgültig ob das Metall, aus welchem die Münze bestand, Gold oder Silber oder Gold und Silber war.

Eine Aufzählung von Thatsachen ohne Zusammenhang — von Voraussetzungen ohne logische Beziehung zur Schlußfolgerung — ist ein häufiges Zufluchtsmittel des sogenannten praktischen Mannes, welcher das, was mit seinen Vorurtheilen collidirt, bestreitet.

Aber der „practische" Mann ist nicht unhäufig der „unwissende" Mann unter anderen Namen und ist kaum weniger gefährlich, als der Theoretiker, welcher, ohne praktische Kenntniß, sich seine Thatsachen construirt und dann daraus seine eigenen vorgefaßten Schlußfolgerungen ableitet. Der wahre practische Mann ist derjenige, welcher, gestützt auf seine eigene Erfahrung und Kenntniß, im Stande ist, seine Thatsachen in logischer Folge zusammenzustellen und daraus eine Theorie zu construiren, nach welcher solche Thatsachen erweislich, unumgänglich zu einer bestimmten Schlußfolgerung führen. —

Zweitens muß ich hinzufügen, daß diejenigen, welches obiges Argument anführen, eine Veränderung der Umstände nicht in Rechnung zu ziehen scheinen. Sie sagen, England habe ungefähr 60 Jahre lang, d. h. seit 1816 prosperirt. Aber was hat es denn in den letzten 4 Jahren oder da herum gegeben? England litt durch seine eigene Goldwährung, trotz seiner Beziehungen zu anderen Ländern, wo eine einzige Silberwährung herrschte, keinen Nachtheil, solange als Frankreich eine Rettungs= thür offen hielt; aber jetzt wo uns die Hülfe von Frank= reich nicht länger gereicht wird, ist unsere Prosperität nicht so exemplarisch gewesen, daß sie den Befürwortern der Theorie, unsern Wohlstand hätten wir dem Umstand zu verdanken, daß unser Standardgeld von einem Metall gewesen sei, ein sehr hülf= reiches Argument abgeben könnte.

Ich habe bereits Lord Liverpool erwähnt. Seine Ab= handlung über die Münzen des Reiches ist die Begründung unseres jetzigen Geldsystems, und seine große Autorität, und die der eminenten Männer, welche er citirt, müssen, wenn veränderte Weltumstände außer Acht gelassen werden, ein Stein des An= stoßes zu Füßen derer sein, welche es wagen, eine Prüfung der Frage zu beanspruchen, ob das System der Doppelwährung zu den veränderten Umständen nicht besser passe.

Niemand würde heut' zu Tage wagen oder wünschen, die Principien, welche er so lichtvoll entwickelt, zu bestreiten. Am Wenigsten möchte ich es thun. Es bewies zur Befriedigung seiner Regierung:

I. Daß Münzen, welche der Messer von Eigenthum sein sollten, wenn möglich, nur aus einem Metall bestehen sollten.

II. Daß dieses Metall Gold sein solle.

III. Daß die anderen Münzen, wie jetzt, Scheidemünze sein sollten, oder, wie wir sie nennen mögen, Noten, welche Theile eines Sovereigns repräsentiren, und aus Metall, anstatt aus Papier gemacht sind.

In Unterstützung des ersten Satzes führt er die Autorität von Sir William Petty, Mr. Locke und Mr. Harris an; da er aber die Meinung von Mr. Locke, daß jenes Eine Metall Silber sein solle, verwirft, aus dem Grunde, daß die Umstände sich so geändert hätten, daß seine Ansicht nicht länger haltbar sei, und denkt, daß Locke, wenn er dann gelebt hätte, dieselbe Anschauung von der Sache gehabt haben würde, gerade so wage ich zu denken, es ist nicht unmöglich, daß, wenn Lord Liver= pool und die großen Männer, welche er citirt, in unsrem Zeitalter gelebt hätten, sie erkannt haben würden, daß sein erster Satz, excellent in der Theorie, in der Praxis, unter der veränderten Lage der Handelswelt, Unzuträglichkeiten mit sich führen könnte, welche eine Abstellung verlangten; und ich glaube, es kann gezeigt werden, daß dieselben Gründe, welche er zur Unterstützung des Satzes beibrachte, und welche auf England, als einzige Nation anwendbar waren, in dem entwickelten Zustand des Verkehrs, nicht weniger auf die gesammte commercielle Welt anwendbar sind.

Das Uebel, welches seinem Geiste vorschwebte, war eins, welches jetzt in England nicht mehr existirt und nicht existiren kann, nämlich: daß die Währung aus Englischen Münzen von unsicherem Gewicht und unsicherer Feinheit bestand, und einige wenige, nicht minder unregelmäßige Münzen ausländischer Prägung und ohne jede Bürgschaft einschloß, so daß die Leute, wenn sie diese courante Münze bei ihren täglichen Geschäften einnahmen, nicht sicher wissen konnten, was sie wirklich erhalten hatten. Dieses ist, sage ich, heute in England nicht zu befürchten, aber die Unsicherheit existirt noch in Englands Geschäften mit fremden Nationen, und sogar mit seinen eigenen Colonien, wo eine verschiedene Art Geld circulirt. Lord Liverpool wollte den Uebelstand, wie er damals zu Tage trat, beseitigen, und Vorkehrung treffen, daß ein und dasselbe Münzsystem über die ganze Länge und Breite des Landes herrsche; aber die Verkehrsmittel haben sich inzwischen so gebessert, daß Amerika eben so nahe zu London steht, wie Schottland zu seiner Zeit und die verschiedenen Nationen auch sind einander seit jenen Tagen viel näher gerückt. Damals war es die Politik aller Nationen gänzlich auf sich selbst zur Beförderung ihrer eigenen, ausschließlichen Interessen zu sehen, während jetzt besser erkannt wird, daß die Beförderung des gemeinsamen Vortheils auch die Beförderung des individuellen ist. Wenn es damals wünschenswerth war, daß der Werthmesser für England Einer und nur Einer sein sollte, so daß Alle, die miteinander Geschäfte hatten, genau wußten, was sie für ihre Waaren erhielten, so ist es auch jetzt wünschenswerth, daß der Werthmesser Einer sei, für die Nationen, welche die commercielle Welt bilden und welche, weit mehr, als zu Lord Liverpool's Zeit, Eine Gemeinde bilden, wie man sagen könnte. Aber Geldeinheit, in dem Sinne, ein einziges Metall für Alle genügen zu machen, ist als Unmöglichkeit nachgewiesen, sowohl auf Grund der Vorliebe der Nationen für das eine oder andere Metall, als auch wegen der Unzulänglichkeit des einen von beiden allein für die Bedürfnisse Aller. Ist es dann nicht unsere beste Zuflucht, um so nahe als möglich zur Einheit zu gelangen, wenn wir veranlassen, daß beide Metalle, unter vorgeschriebenen Bestimmungen, zusammen den Dienst einer Metallwährung für die Welt verrichten?

Die Welt ist bereits bimetallistisch, aber es ist ein unregu=
lirter, Zufällen ausgesetzter Bimetallismus, der unter uns
herrscht; und ich muß glauben, daß eine gebührende Regulirung
desselben gleich möglich und wünschenswerth ist.

Ich habe gezeigt, daß der Handel in Münzen, welcher, nach
Lord Liverpool's Ansicht die Hauptunzuträglichkeit bildet, welche
einem bimeta=listischen Maßstab für Eigenthum anhaftet, unter
einer solchen Regulirung unmöglich sein würde.

Es ist sonderbar, daß der Bericht, welchen er über den
schlechten Zustand der Währung in einigen anderen Ländern
und über das Heilmittel, welches daselbst angewandt war, bringt, eines
der schlagendsten Beispiele von dem großen Unterschiede zwischen
unseren Zeiten und seinen Zeiten liefert. Seine Worte sind
sehr bemerkenswerth. Er sagt:

„Es giebt keinen Umstand, welcher deutlicher die Wahrheit
des Prinzips beweist und illustrirt: daß Münzen, welche den
Hauptmaßstab für Eigenthum bilden sollen, nur aus einem
Metalle gemacht sein können, als die Praxis, welche (sagt er)
in verschiedenen commerciellen Staaten und Ländern auf dem
Continent eingebürgert ist, ausländische Wechsel und mitunter
andere Wechsel, welche einen gewissen Betrag übersteigen, in
dem, was gewöhnlich Bankgeld benannt wird, zahlbar zu
stellen; d. h. in Recepisses, Quittungen oder Noten an Stelle
von Gold= oder Silber=Bullion, die von Privaten in die Ver=
wahrung der Banken gegeben sind. Diese Quittungen wurden
regulirt durch (und später zum Theil auch repräsentirt von) Na=
tionalmünzen, die in den betreffenden Staaten umliefen und
die genau entsprechend dem Münzfuße ihrer Ausprägung be=
rechnet wurden, so daß sie einen unbestrittenen Werth haben und
behalten und so dahin gekommen sind, den festen Standard oder das
Werthmaß zu bilden, mit welchem große Zahlungen geleistet werden.“

Er fährt fort zu bemerken, daß in Großbrittannien nie ein
solches Institut existirt habe, daß Eine derartige Bank nicht
genügen würde, und daß die Etablirung mehrerer unbequem
sein würde — daß Großbrittannien kaum ein solches System
nöthig habe, insofern als unautorisirte, ausländische Münzen
selten ins Land kommen, um als Währung zu dienen, und daß
deshalb die Münzen des Reichs nothwendig die Verkehrsinstru=
mente und das einzige legale Zahlmittel für Eingeborene und
Ausländer seien, und hieraus, sagt er, resultirt die Nothwendig=
keit in diesem Lande, nur Münzen aus Einem Metalle zu haben,
welche als unveränderlicher Maßstab dienen sollten ꝛc.

Er fügt eine Note hinzu, worin er sagt, daß es unnöthig
sei, auf die Gesetze hinzuweisen, welche die Noten der Bank von
England zeitweilig während der Suspendirung der Baarzahlun=
gen zum legalen Zahlmittel machten, weil das kein Theil unseres
Münzsystems sei.“

Es ist kaum nöthig für mich, auseinanderzusetzen, wie vollständig alles dieses sich geändert hat.

Genau das System, auf welches Lord Liverpool als nicht existirend, als ungenügend für unsere Bedürfnisse und überflüssig für den besonderen Zweck Bezug nimmt, ist, und schon seit lange, in England eingeführt.

Die Noten der Bank von England werden thatsächlich als Quittungen für Bullion ausgegeben. Sie sind legales Zahlmittel, wie die recepisses, auf welche er sich bezieht, und dienen dazu, wie er von jenen bemerkt, zur Leistung aller großen merkantilen Zahlungen, außer wo der Gebrauch der Noten wiederum durch Anwendung von Cheques und anderen Hülfsmitteln des Geschäfts ökonomisirt wird.

Lord Liverpool's Argument scheint dieses zu sein, daß, um die Unbequemlichkeit der Verschiedenheit von Münzen von Unsicherheit über Gewicht und Feinheit zu beseitigen, andere Nationen ein System von Belegen oder Quittungen gebraucht haben, welche (an sich) nur Ein Metall und Eine Münze repräsentirten. Diese Quittungen dienten bei allen Transactionen von Bedeutung, während die verschlechterte Münze (selbst) für die kleinen Geschäfte des täglichen Lebens gebraucht wurde, daß aber, da wir in England kein solches Quittungssystem haben könnten, wir sicherheitshalber keine Prägung unbestimmten Gewichts oder Feinheit gestatten konnten.

Aber wir haben jetzt ein solches System und dürfen behaupten, daß die Verschiedenheit des Metalls unter einem wahren bimetallistischen System ganz und gar nicht die Verurtheilung verdient, welche er gegen die bimetallistische Prägung seiner Zeit ausspricht. Und da ich, wie in diesem einen besonderen Punkte einer Nationalbank, gezeigt habe, daß das, was er für unmöglich hielt, wirklich existirt, so auch glaube ich, habe ich bewiesen, daß die anderen Erwägungen, welche ich erwähnt habe, von genügendem Gewicht gewesen sein könnten, um ihn dahin zu führen, einzuräumen, daß Umstände eintreten können, und jetzt eingetreten sind, welche es für das Gedeihen des Englischen Handels nothwendig machen sollten, daß wir, so vorzüglich sein System auch ist, und practisch tadellos, wenn auf den inneren Verkehr einer Nation angewandt, die Frage einer Abweichung von demselben nicht als eine solche behandeln sollten, welche ohne sorgfältige Prüfung von der Hand zu weisen wäre.

IX. Im vorigen Abschnitt habe ich mich schon bemüht, den 9. Einwand zu widerlegen. Ich habe mich zu zeigen bestrebt, daß die Adoptirung der Doppelwährung nichts Unausführbares an sich hat, daß, was immer anderen Nationen paßt, nothwendig auch für die ganze Familie von Nationen passend ist, und ich möchte gern hoffen, daß ich es in einer Form entwickelt habe, welche sich nicht blos annehmbar für England sondern auch als

ein Heilmittel gegen einige schwerwiegende und drückende Uebel=
stände erweisen werde.

Nochmals, zum Schluß, appellire ich an die Weisheit und
Voraussicht aller Männer, welche an dem Handel England's
intreffirt sind. Ich ersuche Jeden, der ein Herz für das Gedeihen
jenes Handels hat, seine Augen für die Gefahren der unmittelbaren
Zukunft nicht zu verschließen, sondern ernstlich zu erwägen, was
das Resultat der Maßregeln sein wird, welche in diesem Jahr
(1881) von fremden Nationen ergriffen werden mögen.

Für jene Nationen stehen bloß zwei Wege offen: denn es
ist unmöglich, daß sie bleiben können, wie sie sind. Sie können
die Doppelwährung ohne England annehmen, oder sie können
dazu getrieben werden, dem Beispiel Deutschlands zu folgen und
eine Goldwährung zu adoptiren. Sie können den ersten Weg
einschlagen, obgleich es nothwendig sehr gegen den Strich gehen
wird, daß sie thun sollten, wovon wir ihnen sagen, es wäre
schlecht für sie und gut für uns.

Daß es befriedigend für uns und genug für uns sein würde,
wenn sie es thäten, ist sicher.

Was ist aber die Wahrscheinlichkeit, daß es geschieht? Wenn
sie eine solche Entscheidung treffen, so werden sie, wie alle zu=
geben, der Gefahr ausgesetzt sein, daß ihr Gold sie verläßt und
zu uns strömt. Gold wird aber eine binnetallistische Union, in
welcher England einbegriffen ist, nicht verlassen, um in die Geld=
schränke einer Nation zu fließen, deren Handel unbedeutend ist;
es wird aber eine Union verlassen, zu der England nicht gehört,
und wenn es nach dem Umständen geht, wird es nach England
fließen, welches der commercielle Mittelpunkt der Welt ist.

Es würde ihnen allerdings nicht viel schaden, denn es könnte
nicht mehr Gold nach England kommen und dableiben, als was
für die volle Cirkulation des Landes nöthig ist, und das haben
wir bereits; aber die scheinbare Anziehung des Goldes nach
hier, und das Gefühl, daß England nicht seinen Theil an dem
gemeinsamen Werk thue, könnte den binnetallistischen Nationen
nnerträglich werden, und die jetzige Agitation könnte auf's Neue
und mit dem sichern Resultat, daß jene zur zweiten Alternative
ihre Zuflucht nehmen, beginnen.

Wir haben Alle gesehen, was die Folge der Demonetisirung
des Silbers durch Deutschland und die daraus folgende Ab=
sorbirung von Gold durch jene Nation gewesen ist, Preise, in
Gold gemessen, sind bedeutend gesunken, wo nicht andere Um=
stände zusammen getroffen sind, um sie zu erhalten. Was wird
geschehen, wenn Frankreich, die lateinische Union und die Ver.
Staaten gedrängt würden, das Gleiche zu thun? Das daraus
folgende plötzliche Fallen der Preise wird nicht vierfach, sondern

vierzigfach sein und die Gefahr für unseren Handel wird un=
berechenbar sein.

Das einzige wirkliche und dauernde Rettungs=
mittel würde demnach Englands Anschluß an das
Princip der Doppelwährung sein, wie in diesen
Blättern auseinandergesetzt. —

Soeben erschien:

Gemeinfaßliche Darstellung
der
Währungs=Frage
von
G. A. Schlechtendahl
in Barmen.
Preis 30 Pfennig.

Berlin W.
Verlag von **Walther & Apolant,**
Markgrafenstraße 60.
1883.

Druck von Thormann & Goetsch, Berlin SW., Besselstr. 17.